課長になったら読む

実践 自治体のコンプライアンス

花岡 大

学陽書房

はじめに　悩める管理職にコンプライアンスが効く！

皆さんは、コンプライアンスにどんなイメージをお持ちですか？　今では、お笑いのネタに使われるほど、すっかり社会的にも認知されてきました。ところが、いざ我が身は？と振り返り、コンプライアンスについて具体的に何をやったらいいのか、思い浮かべることができるでしょうか。職場にはたくさんのリスクが潜んでいます。手をこまねいていては、あっという間に足をすくわれてしまいますよ。

「管理職としてどう組織を管理していけばいいのかが不安」「職員に指導したいけれどパワハラっていわれたらどうしよう」「職場の『困ったちゃん』に参っている」などなど。実際のコンプライアンス研修で、全国の自治体管理職の方から、痛切な悩みや心配、関心事が聞かれます。

これから実際に職員が起こした不祥事などの事例を紹介していきますが、管理職の皆さんにとっては、信じがたい、目を覆いたくなるものばかりでしょう。インターネットで「公務員　不祥事」と検索すれば、ネタには事欠きません。報道の様子からお分かりのとおり、公務員の不祥事に向けられる世間の目は厳しく容赦ありません。生活のままならないコロナ禍においては、なおさらです。

皆さんと同じ自治体の管理職として働いている立場・目線から、こうした職場のリスクや職員の不祥事を具体的にどうやって防ぎ、また、起こってしまったトラブルにどう対処したらいいのか、すぐに使えるコンプラ実践術を解説します。

構成は、管理職自身に気を付けてほしいことから始まり（CHAPTER**1**）、部下への指導・啓発（**2**）、議会や対外的な関係（**3**）、新しい課題（**4**）、トラブル対処（**5**）と続き、最後にまとめ（**6**）をしています。最初から読み始めるもよし、関心のあるテーマから読むもよし、先にまとめで全体のポイントを押さえてから事例を読み進めるもよしです。

コンプライアンスの実践が、あなたをお悩みから救ってくれます。

悩める管理職よ、コンプラ知識を装着！　さあ、コンプライアンスの扉を開きましょう。

２０２２年４月

花岡　大

CONTENTS

CHAPTER 1 職場コミュニケーション編

CHAPTER 2 部下の指導・育成編

CHAPTER 3 住民・事業者・議会編

CHAPTER 4

情報・デジタル・環境編

CHAPTER 5

トラブル対応編

CHAPTER 6

コンプライアンス概要編

CHAPTER

1

職場コミュニケーション編

1 時代遅れ!? 体育会系上下関係を期待する

パワハラ防止

CASE 管理職になったあなたには、パワハラ気質が備わっている

災害救助など、非常緊急時に現場へ駆け付け、チームで迅速な対処が求められる職場。リーダーはチームを統率し、明確な指示を出さなければなりません。自ずと上下関係の規律は厳しくなっていきます。リーダーは、この職場に配属になった新人にも早く一人前になってもらいたいと、これまでと同じく厳しく指導してきましたが、1か月ほどが経ったある日、突然、新人から職場に来られなくなったとメールが届き……。

解説　統率のとれた組織ほどパワハラの温床になりやすい

事例のような職場というと、消防署や警察署、防災などの危機対応を行う部署が思い浮かんだのではないでしょうか。緊急非常時に迅速な行動で対処することが求められ、統率のとれたチーム力と強固なリーダーシップが必須な職場です。このため、明確な指揮系統の下で、厳しい規律による上下関係が生まれます。例えるなら、学生時代の体育会系のノリです。

管理職が自分の思うように組織を動かせるのですから、こうした部署にあっては理想的な関係性に感じた方も多いでしょう。ところが、**こうした厳しいことが当たり前な組織風土こそ、パワハラ（パワー・ハラスメント）の温床になりやすいのです。**実際、こうした規律の厳しい職場で、パワハラやいじめが目立っています。

パワハラは、加害者に自覚がなく、意識せずにやってしまうことが往々にしてあります。上下関係がうまくいっているからといって現状を過信せず、自分の言動が部下にどのような影響を及ぼしているか、注意深く観察することが大切です。これから入庁してくる職員は、先輩ともフラットな関係で育っていますから、一層注意が必要です。

対応法

管理職には必ずパワハラ気質があると自覚する

何より、管理職自身がコンプラ違反を起こしてはいけません。そこでCHAPTER**1**では管理職が起こしたコンプラ違反の事例を見ていきましょう。最初に取り上げるのは、近年、管理職の皆さんを最も悩ませ、報道でも目立ってきたパワハラの問題です。

パワハラは最近になって増えたというよりは、従前から存在していたものの、指導を受ける職員側に対抗する術がなく潜在していたものが、救済などの制度が整ってきたことで顕在化したに過ぎないと見るべきです。

このようにハラスメントは時代とともに変化していきます。過去の自分の経験から判断すると、対応を間違えてしまいます。

【パワハラにはまりやすいのはこんな人】

□指導力・リーダーシップを意識して見せようとする
□役職などの立場を重視する
□仕事のことは自分で決めないと気が済まない
□ルールや上司の指示を絶対視する
□過去の自分の成功体験を部下にも経験させてあげたいと思っている

これらの項目を見て誰かの顔が思い浮かんでしまいましたか？　ルールに厳しく、独善的な傾向があり上下関係を当然視するといったイメージ像です。しかしながら、これらの特徴と管理職として必要な能力は隣り合わせです。**管理職になる職員たちは、上司の方針に沿いながら、困難な組織目標を達成してきた人たちですから、パワハラ気質が身についているのです。**「自分にもパワハラ気質はある」と自覚しましょう。

＋αアドバイス パワハラ気質を改善するための指導

「慮る」「察する」「気を利かす」――もはや職場では死語。これらを部下の職員に期待するのは管理職の妄想でしかありません。まして、強要してはパワハラです。過度な期待はストレスになるだけですから、いかに能力を発揮してもらうかに集中しましょう。

パワハラ気質の改善にはどのような方法があるでしょうか。参考として、教育委員会の「指導力不足等教員」の指導改善研修制度があります。子どもへの接し方など素質の疑われる教員を一度学校現場から引き離し、集合研修などで改善指導を行う仕組みです。本人に自覚を促して、再発防止を図り、改善が見られなければ、免職になることもあります。パワハラは、自覚がないことが多いため自分の指導方法を見つめ直す機会になります。

CHECK

時代は変わる。自分の経験がそのまま通用すると思ってはいけない。

指導の限界

2 指導のつもりが厳しい口調でエスカレート

CASE 指導はどこまで許される？　パワハラと言われない部下の指導

ある課長は自分を入れて4人という小さな部署にいます。課長は自分が仕切らなければと張り切るあまり、「こんなこともできないのか」「仕事をなめているのか」など、部下への口調は段々と厳しく激しいものとなっていきました。

ある日の朝。部下が誰も出勤してきません。3人の部下全員は揃って診断書を抱えて、人事課に病休の申請をしていたのでした。

解説 部下にパワハラの正しい理解を持たせる

部下にはしっかり注意したいと思っているけれど、パワハラと言われても困るし、どう指導したらよいのか分からない。各地の研修でよく聞かれる管理職の皆さんの痛切な悩みです。今や官民問わず、組織であれば共通のお悩みでしょう。

部下によかれと思った指導がパワハラと言われてしまったら、組織にとっても、管理職自身にとってもマイナスです。適正な指導とは何かを考えていきましょう。

ここで質問です。パワハラは、被害を訴えるその職員がパワハラだと感じたら、全て成立するのでしょうか？

答えは「ノー」。職員の主観だけで決まっては、仕事も組織も成り立ちません。指導・指示・命令には、多かれ少なかれ、「強制」を伴います。仕事を強制されたからパワハラだと言われては、マネジメントなど何もできなくなってしまいます。

職場でパワハラとされるのは、業務の適正な範囲を超えた言動である場合です。判定は人事部門など中立的な立場から客観的に行われ、指導が適正であればパワハラにはあたりません。事例の課長は、ただ厳しくするだけであったため、職員を委縮させたり反発させたりするだけになってしまいました。これでは適正な指導とはいえません。

しかし、「ハラスメント」の直訳が「嫌がらせ」である以上、パワハラかどうかの判定の場面では、まずは受け手が不快に感じたか、という主観から出発するのは確かです。ここにパワハラへの誤解と難しさが生まれます。

主観的な感情だけで訴えてくるような、**無用なパワハラ問題を回避するため重要となるのは、職員のパワハラに対する正しい理解です。**どこからがパワハラなのかが分かっていれば、正しい指導や命令をパワハラだと思い込むことはありません。パワハラの防止には、被害者となり得る部下の職員に広く研修を行うことが効果的です。

対応法　部下への指導は肯定形で

管理職も、当たり前ですが人間。感情的な生き物です。部下に自分が思っていたことと違うことをされ、おまけにより深刻になってから問題が発覚したとなれば、激高したくもなるものです。正義感にあふれ、衝突をもいとわない金融界の主人公は、ドラマで活躍できても、実在すれば、やっていることはパワハラでしょう（ドラマは上司へのパワハラも多かった！）。

管理職には、職員が能力を最大限に引き出せるよう、職場環境を整える責務があります。職員の能力を引き出す指導法として、**部下にかける言葉には、ネガティブとなる否定形を避け、肯定形を用いることを心掛けることがお勧めです。**例えば、仕事を頼んでも渋る部下に対し、「どうしてできないんだ?!」ではなく「こうすればできる」といった具合です。

部下からすれば、自分の考えや姿勢を否定されず、むしろ受け入れてもらったと感じ、高い意欲をもって気持ちよく仕事に励み、上司の期待に応えようという気持ちになります。

ハラスメントが主観にも関わるものだけに、重要となってくるのは、上司に対する信頼。日常の良好なコミュニケーションが決め手となるのです。

＋αアドバイス ハラスメント天国を防ぐ

職場で正しい理解が得られないと、上司の指示が気に入らなければ何でもハラスメントで訴えてしまえば勝ちという「ハラスメント天国」が〝爆誕〟します。認められようが認められまいが、一度、ハラスメントの問題が起きてしまうと、職場の人間関係はこじれ、当事者以外の職員の士気も著しく低下し、影響は甚大です。

職場が設定した研修だけでなく、管理職にも、日頃から職員にハラスメントの関心を持たせ、正しい理解を植え付ける役割が求められます。たとえ不条理と思われるような主張だとしても、パワハラの訴えが出てきてしまったのであれば、それは管理職にも、職場に正しい理解を持たせられなかったと反省すべきところとなります。

CHECK

パワハラについての正しい理解を持たせることで、指示や指導がしやすくなる。

3

仕事外の言動や相性で評価を上げてしまう

人事評価

CASE

言うことを聞く部下ばかり評価していませんか?

課長は、人懐っこく、職場の懇親会の帰りには自宅まで送ってくれ、何でも頼めばやってくれる部下の一人がお気に入りです。ところが、この部下はお調子者で、どんなに忙しくても課長からの頼まれ事を最優先し、他の仕事ではうっかりミスも多くあります。自分のために甲斐甲斐しく動いてくれる部下をすっかり気に入っていた課長は、人事評価で、日常の多少のミスには目をつぶり、仕事の成果以上の点をつけました。

解説 人事評価は事実に基づき公正に行う

職員の意欲を促し、能力向上を図るため、公務員にも、能力主義に基づく人事評価制度が導入されています。この制度の成功のポイントは、管理職が、評価を受ける職員が納得のいく、公正な評価をできるかにかかっています。

学生時代、いませんでしたか？　事例の課長のようなタイプの先生の一人や二人。可愛い子だけ溺愛しているように見えてしまう。あなたはその時、どう感じましたか。「自分は頑張っても無駄だ」などとヤル気をなくしたでしょう。えこひいきは職場で最も評判が悪いのです。

事例の課長の部下に対する気持ちは、心情としては理解できても、人事評価としては明らかに間違いです。仕事でミスが多く、目標を達成できていないのであれば、課長は、その事実に基づいてのみ評価をしなければなりません。

仕事外の行動を評価に入れてしまうと、あたかもそれが指標となり、他の職員も、同じようなことをしなければ評価されないと考えさせてしまうことになります。

また、職員にえこひいきがあると感じさせては、上司に対する不信感に繋がってしまいます。これでは、組織のマネジメントもうまくいかず、こうした状態でなされた評価を、職員が公正なものとは思ってくれません。

対応法　職員の信頼と納得を得る人事評価のポイント

人には相性がつきものです。性格の合う、合わないは避けようがありません。誰だって気持ちよく、楽に仕事がしたいものです。自分の言うことを聞いてくれる部下を重宝したくなる気持ちもよく分かります。

しかし人事評価制度の肝は、職員の信頼と納得です。そのために、評価の対象とすべきは、仕事の中身と成果のみになります。

【人事評価を実施する際のポイント】

- □ **職員の成長に繋がる目標を一緒に考える**
- □ **自分で課題を見つけさせる**
- □ **住民福祉の増進に繋がる成果を考える**
- □ **仕事の成果だけで評価する**

職員自身に自分で課題を分析させ、目標を立てさせるのがポイントの一つです。人は、自分で宣言した目標は、絶対に達成しなければならないと考える傾向があります。自分で考えさせることで、その評価に対する納得感も得られやすくなります。

さらに、もう一つのポイントが、**評価の対象は仕事に関わる成果のみにするということ**です。例えば、言うことを聞いてくれるとか、遅い時間まで残業しているというだけで評価してはいけません。**仕事の成果を客観的に判定することが、評価の公正さに繋がります。**

＋αアドバイス 私生活での行動の強制はNG

仕事とは関係のない、単なる管理職の私生活への行動の強制は、パワハラの典型例の一つです。職場の上下関係を私生活にまで持ち込んではいけません。事例の部下は自分の意思でしているようですが、職場の懇親会で、部下の職員に送迎を強要し、懲戒処分を受けている例も起きています。

また、私生活でも付き合いのある仲であっても、職場ではトラブルが起こり得ます。ある事例では、30年来の付き合いで仲の良い上司と部下の間で、ある時、部下が予告なく半日休暇を取って昼で帰った際、上司から前もって教えてもらわないと困ると言われたことがきっかけで、上司へ数百回に及ぶ無言電話を繰り返し、罪に問われたものがあります。長い付き合いでも、ちょっとしたことで人間関係をこじれさせてしまう難しさを物語っています。

CHECK

人事評価は「仕事の成果がどれだけ組織目標の実現に貢献したか」をもとに判断しよう。

4 無料通信アプリを使ったセクシャル・ハラスメント

セクハラ予防

CASE 便利な無料通信アプリは、使い方に御用心

以前、仕事の連絡用として無料通信アプリによる連絡先を交換していた課長は、いつも笑顔で快く接してくれるある部下とは、親しい関係性ができていると思い、頻繁に食事や外出に誘うようになりました。

部下は、上司である課長に悪い顔をできないものの、二人きりで会うことには抵抗を感じ、繰り返し誘いを受けているうちに、精神的に苦痛を感じるようになりました。

解説　使い方を間違えると誤解を招く

無料通信アプリは簡単で便利です。緊急連絡用などに導入する自治体も増えています。一方で、特定の個人と容易に連絡を取り合えるようになり、職員との距離が近づきやすくなります。使い方を間違えると相手方に誤解を招いたり、つらい気持ちにさせたりと、ハラスメントの防止上も注意が必要です。

事例の部下からすれば、仕事で必要と思って連絡先を提供しているのですから、まさか上司の課長からこうして私生活で使われるとは思っていなかったでしょう。

職員とのコミュニケーションでは、上司が指示・指導する立場にあり、強制力を伴うことを忘れないでください。**部下は上司に嫌われたいとは思いませんから、どうしても立場が弱く多少のことは我慢するものです。**特に仕事を離れてのコミュニケーションの取り方は、お互いに信頼関係が十分に構築されていることが前提です。

今回の事例では、職場外で二人だけで会う誘いを繰り返しており、セクハラ（セクシャル・ハラスメント）として認定されました。

対応法　セクハラと取られる言動

性的な嫌がらせは、人格を疑われる行為ですので、受けた本人だけでなく、周りの職員にも不快な思いにさせます。パワハラも決して許されるものではありませんが、まだ指導の要素を伴う場合もあるのに対し、セクハラは私欲な意図があるのみです。優越的な地位を利用した忌むべき言動であり、全く弁解の余地がありません。加害者の信用は地に落ちます。

デジタル技術の進歩に伴い、職員との連絡のやり取りが容易になっています。使い方を間違えてしまうと、事例のようなことを起こしかねません。

【セクハラと訴えられないよう注意したい言動】

- □ **いわゆる下ネタなどの性的なからかいもコミュニケーションの一つだと勘違いしない**
- □ **容姿に関わることは触れない（体型や化粧ノリなど）**
- □ **特定の職員ばかり気に掛けるのではなく、万遍なく皆とコミュニケーションをとる**
- □ **過度にプライベートに踏み込まないなど、仕事と仕事外の公私の区別を付ける**

どこまでの言動なら許されるのか、ぎりぎりのところまで攻め、試すようなことをする方をお見受けしますが、こと職場でのコミュニケーションで、こうした振舞いは全く不要です。最も慎重な言動をとるべきです。攻めの姿勢は、ぜひ本業で示してください。

容姿については、髪がボサボサであったり、服に汚れが目立ったりなど、社会人としての身だしなみを注意する以外には、あえて触れる必要のない部分です。こちらに意図がなくても、相手が思わぬ受け止めをするなど、個々人で感じ方が大きく異なるからです。

「迷うなら言わない。」――安全運転がお勧めです。身だしなみへの注意も、端的な指摘に留めておきましょう。

＋αアドバイス　日頃から公平に接していないと誤解が生じる

特定の職員に肩入れしているように見られると、周りにも不快感を与えてしまうことがあります。みんな公平にコミュニケーションをとりましょう。

男性職員が、棚の荷物を女性職員に代わって下ろしたら、他の女性職員から「私にはそんなことしてくれたことはない。これはセクハラだ」と指摘された場合もあります。

通常、荷物を下ろすことがセクハラになることはないでしょう。しかし、日常のコミュニケーションに偏りがあると、こんなふうにとられてしまうこともあるのです。日頃からの行動が問われていると言えるでしょう。だからこそ、パワハラ同様、セクハラでも、職場を「ハラスメント天国」にしないよう、職員に正しい理解を持たせることも、管理職の役割なのです。

CHECK

部下の好意的な応対は「盛っている」ものと思うくらいがちょうどよい。

5 つい「男らしく／女らしく」と言ってしまう

ダイバーシティ

CASE 職場のダイバーシティとは？ ジェンダー・ハラスメント問題

入庁5年目の女性職員は、男性の課長から、講演会の企画一切を頼まれました。仕事を丸々任されるのが初めてのこの職員は、がぜんヤル気が湧き、講師の選定や講演依頼の調整、会場の確保から、傍聴者の募集まで精力的にこなし、講演会を成功裏に収めました。

課長からは「よくここまで頑張ったね。女性なのにすごいよ。」と褒められました。職員は嬉しい反面、男性なら普通にできることなのかなと悩ましくも感じました。

解説 性別で仕事の役割を割り振っていませんか

幼少の頃から、男の子は「強く」「泣かない」「外で元気に遊ぶ」、女の子は「おとなしく」「男の子より一歩下がって」「おうちでおままごとをして」と言われて育ってきた今の管理職世代にとっては、正直、性別にとらわれず役割分担をすることに、まだまだ腑に落ちないところもあるでしょう。

しかし、ＳＤＧｓの理念や世界経済フォーラムが公表する各国の男女格差を比較した「ジェンダーギャップ指数」が物語るように、もはや社会の流れ、世界の潮流に逆らえるものではありません。

事例の課長に、全く悪気はなかったのでしょう。ところが、職員にしてみれば、自分の努力を正当に評価してもらえていないと、さぞ悔しい思いをしたに違いありません。自分が女性であることを残念に感じてしまうかもしれません。性別にとらわれた課長の評価は、ジェンダー・ハラスメントとなるのです。**職員への褒め方は、仕事の成果やそれまでの努力について評価することに徹底しましょう。**

ジェンダー・ハラスメントは個人の意識だけでなく、組織内に根深く存在している問題です。例えばお茶くみや式典での司会、介添えは必ず女性がやるのが習わしのようになっている職場があればすぐに改め、性別で役割を決めないようにするべきです。

対応法　**世界の感覚とかけ離れた日本の認識**

国連の提唱するSDGsは、2030年までに、サスティナブルでより良い世界を目指していく開発目標です。誰一人取り残さないことを宣言しており、その前提には人それぞれの多様性への尊重があります。こうした多様性を働く人々においても大切にするというのが「職場のダイバーシティ」です。近年、重要な価値の一つに挙げられています。

日本では、男尊女卑の思想がまだまだ残っているとされます。世界経済フォーラムが2021年3月に公表した、男女格差を測る「ジェンダーギャップ指数」では、日本の世界ランキングが156か国中120位という惨状にあります。

日本における固定的な性別役割分担意識は、世界の人権感覚から大きくかけ離れていると言えます。性別による取扱いの違いは、多様性の価値を認める職場のダイバーシティに反するものです。

性別に関しては、LGBTQをはじめとする性的少数者を差別する問題もあります。多文化の社会では、お互いの「違い」を認め合うことが交流の出発点になります。**これは住民、職場の同僚、誰であっても、その人が「ありのまま」であることを認めることが尊重し合う態度に繋がります。**個々人の性別に対する意識の違いというものを尊重し、否定せず蔑視もしない。まずは管理職が範を示していきましょう。

＋αアドバイス マンスプレイニング、アウティング

威張った態度、激しい口調で女性職員をまくしたてる男性来庁者。係長でも女性という理由だけで対応者の交代を強いられる。――役所の窓口でよくある光景です。男性が女性を蔑み、女性に教えてあげてやっているといった意識から来る言動を「マンスプレイニング」と呼びます。東京五輪開催の準備に際し、お偉方の男性が「女性は話が長い」と言ったことが、海外メディアで批判的に報道された例を思い出しても、日本の男尊女卑がなお根深く残っていることを実感させられます。来庁者を刺激しないためにも、反論する必要はありませんが、交代を迫られた女性職員には一言フォローしてあげましょう。

また、性的少数者についての「アウティング」が問題になることがあります。その人の性別に関わる意識を秘密にしていたにもかかわらず、当事者の了解を得ることなく公に暴露してしまう行為です。公立保育園が、啓発の目的で、性別への違和感や受診歴のある児童が通園していることをホームページに掲載し、保護者の間で本人を特定されてしまったということが起きました。無理解が呼び込んだ悲劇と言えるでしょう。

CHECK

仕事の成果の価値が性別で変わることはない。それぞれの「ありのまま」を尊重する。

6 正直、職員の出産・育児を迷惑と思ってしまう

マタ（パタ）ハラ

CASE
少子化対策はあなたの言動から始まっている

部下の男性職員は妻の出産を控え、子どもが産まれてくるのをとても楽しみにしています。これまでは残業などもして最後まで仕事をやり切っていましたが、最近は人に任せて定時で帰ることを優先するようになりました。課長は、その姿勢が気がかりで、その職員から育児休業を取得したいと相談を受けると、「周りの職員の協力を得るためにも、仕事をしっかりやってもらってからでないと考えられない」と答えました。

解説　子育てしやすい職場環境を整備する

マタニティ（パタニティ）・ハラスメントは、妊娠・育児のために休暇や時短勤務を希望する人に対する嫌がらせや不利益な取扱いの問題です。

管理職には、子育てにやさしい職場環境づくりへの役割が求められています。妊娠・育児中の職員が休みやすく、気兼ねや不安なく働ける職場づくりを心掛けましょう。さらに、出産・育児を支援し、職員の仕事と育児の両立を実現していくためには、周りの職員からの協力が不可欠です。

事例の課長は、最近の職員の仕事への姿勢が気にかかっており、これでは周りの職員の受け止めにも不満が残り、快く協力をしてもらえないのではと心配に思っています。そうした意識自体に間違いはありません。

しかし、育児休業は職員に認められた権利であり、その取得に条件を付けるような案内は好ましくありません。事例の課長の対応はパタニティ・ハラスメントに当たります。

課長は、職員からの相談に対し、まずは育児休業の取得を応援する気持ちを伝えましょう。さらに、そのためにも周囲の職員の理解が欠かせないことを確認し、みんなから気持ちよく協力してもらえるような育児中の仕事の進め方を一緒に考えていきます。

対応法　管理職は職員の妊娠・出産を笑顔で祝福する

職員の妊娠や育児休業は、職場にも大きな影響を与えるため、管理職にとっては、正直、頭の痛い問題ととらえがちで、素直に喜びきれるところでもなかったりします。

しかし、その心配はグッとこらえて、**職員から妊娠・出産の報告を受けたときは、笑顔で祝福の言葉を贈ってあげましょう。**部下にとっては人生の中でも特に大きなライフイベントです。嬉しい気持ちの反面、仕事との両立も含め、大きな不安も抱いているものです。仕事を続けながら育児をすることを諦め、退職まで考えてしまうかもしれません。そうなっては困りますね。

【出産・育児をする職員に対する支援のポイント】

- □ **いつ妊娠・出産の報告を受けても第一声で祝福できるよう心の準備をしておく**
- □ **残業を減らすなど、日頃から子育てしやすい職場づくりを心掛ける**
- □ **支援に協力してくれる周囲の職員にも感謝の気持ちを伝える**
- □ **自分の育児経験と同じことを押し付けない**

子育てを取り巻く環境は時代とともに大きく変化・発展しています。職員の指導だけでなく、ここでも、自分の育児の経験をそのままあてはめようとすると、時代に合わないことがあります。

＋αアドバイス 女性の多い職場や介護事情で気を付けるべきポイント

出産・育児に関しては、経験豊富な「先輩ママ」の多い職場のほうが、かえって受け止め方が厳しいことがあります。一見すると、自分が大変な思いを経験してきたのだから、後輩職員の出産・育児に理解が高いと思うでしょう。しかし、現実には自分がした苦労を後輩が経験するのも当たり前と考える人も多いのです。さらに保育園、介護施設、病院など、特に欠員分の仕事を分配しにくい職場では、出産にも「順番」があるなど、切実な習わしが通用している実状があります。育児中も働きやすい職場づくりのためには職場の取組みにも限界があり、人事上の措置を考えるべきです。管理職には、業務の代替性の向上に加え、代替職員の充実など、やるべき事柄があります。昨今のコロナ禍で、休園・休校により育児中の職員が大変苦労し、業務の継続性の面でも課題を痛感したばかりです。

さらに、育児だけでなく、介護中の職員へのケア・ハラスメントも問題です。育児と違って終わりが分からないなど、仕事との両立が難しい課題です。職員の負担とならないよう、急な休みにも対応できる柔軟な組織づくりを整えていきましょう。

CHECK

あなたが素直に祝福してあげなければ、周りの職員も協力してあげたいと思わない。

7

議員や上司向けに自己保身に走ってしまう

管理職への信頼

CASE

職場で信頼を得るためには、何に注意したらよいでしょうか？

保育園課の課長は、ある議員から、知人の子どもが希望の保育園に入れるよう頼まれました。議員にいい顔をしたいと考えた課長は、よく確認もせずに、「お任せください」と即答しました。ところが、課長が職場に戻って担当の職員に確認させると、この家庭の条件では、希望の保育園に入ることは難しいことが判明しました。立場のなくなってしまう課長は、無理にでも入園させるよう担当職員に指示しました。

解説　管理職の自己保身は部下に嫌われる

自分が担当者であった頃、どんな上司に苦労したか。思い出してみると、自分が職場でどう見られているのかに気付かされます。

職員をえこひいきする。仕事の成果は全て自分の手柄にする。難しい問題だと自分で判断することを避ける。責任を取りたがらない。言うことがコロコロ変わる……。あら、たくさん思いつきますね。

誰でも責任は取りたくないものです。ですから、自己保身する上司を見た部下は、なおさら自己の保身に走るようになります。事例の課長の指示は公正さを欠いており、これを快く引き受ける職員はいないでしょう。この課長と同じようなことをしていると、しっかり責任を持って仕事に取り組む職員がいなくなり、職場が機能しなくなります。職場の管理を任されているのが管理職なのですから、こうした振舞いは職務放棄といえる行為です。

職員は住民のためになればこそと思って一生懸命、仕事に頑張れるのです。上司の面子を保つために働くのではありません。自分は住民のためではなく上司のために働かされていると思わせてしまった時点で職員のヤル気を失くさせてしまいます。

ところが、おもしろいことに、逆に一度、信頼を得られれば、今度はその上司のために働きたいと思うようにもなるのです。これなら指示も出しやすくなりますよね。

対応法　職場の信頼を得る3つのポイント

理不尽は社会のつきものかもしれません。しかし、理不尽が通るのも、せいぜい親子の関係でのほんの些細なところぐらいです。職場の上司と部下の間で通用するものはないと考えておきましょう。

部下は上司のことを見ていないようで、実はよく見ています。上司の一挙手一投足、考え方のクセを見て、仕事をどう進めたらいいかを考えるからです。

そのため、**上司は、職場からの信頼なしに、組織をうまくマネジメントすることはできません。**管理職には意思決定の権限が与えられ、指示命令権を持ち、仕事に責任を負う立場です。職員に信頼される管理職でありたいものです。

【職場からの信頼を得るポイント】

- □ **仕事の成功は頑張ってくれた部下の成果にする**
- □ **人によって態度を変えない**
- □ **仕事のミスには全て自分が責任を負う姿勢を示す**

仕事が成功したときは、上司や議員へ、部下の頑張りをアピールしましょう。管理職は仕事ができて当然です。それよりも、皆さんは人材をしっかり育てていることを分かってもらったほうが、評価は高くなります。

＋αアドバイス
判断を押し付けてくる部下には必要な材料を求める

実は逆のケースにもよく出くわします。自分で責任をもって決めようとせず、ろくに状況も伝えないで、全て上司に判断を押し付けてくるような職員です。特にベテランさんにありがちなのが、知識や経験が豊富であるにもかかわらず、責任を取りたくないばかりに自分で結論は出さず、上司に判断を求めるケースです。ここで判断を部下に突き返すだけでは事態の解決にはなりません。どのようなことを検討すれば、妥当な結論が導けるのかを一緒に考えるようにします。そうすると、的確な判断をするためには、そのための材料が必要なことが分かってきます。このような職員には、判断に必要な材料を提供してくれなければ決められないとはっきり伝えましょう。

部下が上司を信頼し、良好なコミュニケーションがとられている職場は、風通しが良く、仕事もスムーズに進みますので、職員の非行といったコンプラ違反も起きにくくなります。

CHECK

上目遣いではなく、横や下に目を配ることが、信頼を得るカギ。

COLUMN

1 職場のみんなから倍返し!!

異動前の最終出勤日

本書の原稿を書いている最中の令和3年10月に部署を異動しました。異動前の保険年金課の最終出勤日。コロナ禍により、歓送迎会ができないこともあって、たくさんの職員から個別にあいさつを受けました。

感謝と申し訳なさのしるし

保険年金課では土日のそれぞれ月1回、市民のために窓口を開設しています。せっかくの休日に出勤してもらうことへの申し訳なさから、少しでも出勤の楽しみにしてもらえればと、その日にちょっとしたお菓子を買って行ってはみんなに配っていました。

何倍にもなって返ってきた

それが異動前夜。今度はみんながこぞって私にお菓子を贈ってくれました。人気店、有名なパティシエ、ご近所の隠れた名店と、それぞれが思い思いの品々を厳選してきてくれた気持ちが伝わってきます。調布市の保険年金課はスタッフ総勢90人超の大所帯。抱えきれないくらいのお菓子に囲まれて最高に幸せな帰り道でした。

流行語となったドラマの中の銀行員が使う「倍返し」は復讐の意味でしたが、こちらは文字通りの倍以上の恩返し。管理職の皆さんの思いはちゃんと職員に通じているものです。

保険年金課のみんな。感謝しているのはこっちだよ！

CHAPTER

2

部下の指導・育成編

職員の私生活

1 「止めるなんてムリ！」と思っても問われるのが管理監督責任

CASE

部下の私生活でも責任は問われ得る

ある職員は、過度の飲酒がたたり、仕事もままならない状態になるまで影響が及んでしまいました。そのうえ、勤務時間中にもかかわらず職場を抜け出し、アルコール飲料を購入して休憩室で飲酒する始末。職員には、職務専念義務違反及び信用失墜行為により停職6か月の懲戒処分が下されるとともに、課長にも、管理監督責任として、文書による厳重注意の処分がなされました。

解説　管理職には職員の私生活への指導も求められる

「親ガチャ」ならぬ「職員ガチャ」とでも言うのでしょうか。部下が上司を選べなければ、上司も部下を選べません。しかし「運が悪いなぁ」と嘆いていられるのも係員時代まで。管理職になれば、どんな職員が来ても、指導・管理する責任があります。

事例の職員について、勤務中に飲酒したのだから、課長が管理監督責任を問われたのも仕方がないと皆さんはお思いでしょう。では、職員の私生活での過度な飲酒に対して、課長に責任はないのでしょうか。課長は、職員の問題行動を起こさせないために、何かをしなければいけなかったのでしょうか？

答えは「イエス」。課長は、職員に節度を保ちお酒を飲むよう指導しなければならないのです。つまり、**課長は、職員の問題行動を防ぐために、私生活の言動に指導を行わなければならなかったのに、これを怠ったために管理監督責任を問われたといえるのです。**仕事もままならない状態で出勤し、勤務時間中に職場を抜け出していること自体も問題です。しかし、何とも恐ろしいことですが、一番の原因は完全に職員の私生活上にあるのです。

対応法　信用失遂行為は私生活でも問われる

管理職には、所属の職員を管理監督する責任がありますので、自らコンプライアンス違反を起こさないというだけでは済まされません。組織の運営をつかさどる者として、職場の規律を保ち、職員に不祥事を起こさせない責任を負っています。

公務員の職は住民からの信用に支えられる必要があり、これを失墜させる公務員の行為は、たとえ私生活上のことであっても、懲戒処分を科されます。

職員の私生活の全てを監視するわけにはいきませんので、さすがに、職員が私生活で個人的に起こした不祥事の全てに管理職の責任が問われるわけではありませんが、住民から見て、部下の問題行動を防止すべきと考えられる内容であれば、私生活上のことであっても管理監督責任が問われ得るのです。

【懲戒処分の類型】

- □ **免職：文字どおり、公務員の職を失わせる処分**
- □ **停職：職員の身分は保有させるが、一定の期間、職務には従事させない処分**
- □ **減給：給与の支給額を減額させる処分**
- □ **戒告：責任を確認し、将来を戒める処分**

この4類型が法律に基づく懲戒処分。いわゆる履歴に「キズ」が付くものです。このほか、各自治体により、訓告、厳重注意といった人事上の措置が定められています。

管理監督責任は、逆にそれがしっかり果たされていれば、それでもなお部下が起こしてしまった不祥事には、管理職がその責任を問われることはありません。

特に問題のある職員がいる場合には、日頃からの指導・監督の実施、そして、これをしっかり記録しておくことが管理監督責任を果たした証左となります。例えば、仕事の期限を守れなかったときや他の職員とトラブルを起こしたときなどです。ここまでして、この不祥事は防ぎようがなかったと、管理職から主張できるのです。

＋αアドバイス 公務員の飲酒運転撲滅への覚悟

公務員が飲酒運転で人身事故を起こし、幼い命を奪った悲痛な事件を発端として、全国で飲酒運転の撲滅を掲げる自治体が相次いでいます。運転をする職員、さらに同じ宴席にいた者全てを含めて、絶対に飲酒運転をさせないという覚悟で取り組む自治体があります。起こした職員には免職にするなどの厳しい処分を科するとともに、管理監督者にも戒告などの懲戒処分の対象として、組織的に飲酒運転を阻止することを検討する自治体も出てています。

管理職にも、最初の乾杯の挨拶で、誰も車で来ていないことを確認するくらいの意識は持ってもらいたいです。

CHECK

非行をしがちな職員がいつ自分の下に来るとも限らない。
それに備えた用心を！

2 コンプラに無関心な部下

職場の意識改革

CASE

仕事さえできれば大丈夫でしょ。という職員をどう指導しますか？

仕事の期限はちゃんと守る職員。ただし、仕事中の私語は多く、周りに行き先を告げずに離席する時間も目立ちます。それでいて残業は年々増えています。

さらに、周りがどんなに忙しくても、自分の用事があれば、それを優先して定時で帰ってしまいます。最近は、遅刻や当日の朝に電話をしてきて休暇を取ったり、夏になると、職場に慣れ、気が緩んできたのか、服装も乱れたりしてきました。

解説 自分の仕事しか考えないのは間違い

事例のような職員がいては（おそらくどの組織にも少なからず存在するのでしょうが……）、周りの職員の士気が下がってしまいます。

職員は、住民福祉の増進のため、公務に励みます。住民の個々のニーズに的確に対応していくためには、どんなサービスであれ、職員一人が担当する範囲だけで完結するものはありません。仕事は組織で連携して行わなければならないものです。

自分の仕事さえ順調に進めばよいという、事例の職員のような組織の士気を下げる態度は、縦割りの弊害である組織の硬直化を生み、職員同士の連携を遮断します。これでは住民ニーズに応えることなど到底できません。さらに住民は常に、職員が信頼に足りる人材であるのかをよく見ています。勤務時間中の私語や離席は、その信頼を損なう言動です。**こうした態度は住民福祉の増進を図るべき自治体の目的に反し、はっきり間違っていると言えるのです。**

休暇についても、職員は計画的に取得するべきものです。むやみに当日に連絡してきたり、遅刻を繰り返したりといった服務規律の緩みこそ、不祥事を起こしやすくするリスクであり、直ちに取り除いておく必要があります。職員が不祥事を起こす背景には、職員の服務規律、コンプライアンスへの意識の欠如があるのです。

対応法　コンプライアンスは仕事の基本

改めて言うとコンプライアンスとは、法を守ることです。民間企業に比べ、さらに厳しい規律が求められる公務員においては、法令にとどまらず、倫理、私生活上の行為にまで及びます。職員には、住民の福祉増進という目的のために、ときには住民の権利を制限する権限が認められることもあります。住民からの信頼がなければ、こうした権限の行使を正当化することはできません。法令遵守であるコンプライアンスを意識することこそ、公務員、さらには住民と距離の近い自治体職員の基本中の基本です。

このため、**管理職には、職員にコンプライアンスの意識を徹底して叩き込む責務があると言えます。**年末年始や選挙期間中といった特に服務規律の確保が求められる場面や、職員が服務に関する研修を受講して報告してきたときなど、あらゆる機会を利用して、何度でも繰り返し確認するようにしましょう。

【職場の服務規律を確保するポイント】

- □ **地方公務員法の定める服務の根本基準を徹底する**
- □ **さらに、各自治体で定める職員の服務に関する規程を繰り返し周知する**
- □ **そのうえで、コンプライアンスの意識を植え付ける**
- □ **職員に協調性を求め、お互い協力し合って仕事を進める組織にする**

各自治体の定める職員の服務に関する規程には、職員が守るべき具体的な内容が書かれています。改めて見返してみると、意外と執務の心得や整理整頓といった細かいことまで書かれていて、職員の指導にも大変参考になります。

+αアドバイス　人事評価と効果的に連動させる

職員の服務規律の確保については、人事評価と連動した取組みも有効です。

人事評価では業務における成果が中心になりますが、人材育成、職員の成長につなげる観点からは、仕事の結果に至った過程における評価も重要になります。

法令に従って業務を進めたかといったコンプライアンスの意識そのものや、周囲との協調性、連携力といったことも評価項目に入れるとよいでしょう。

CHECK

コンプライアンスに対する意識の欠如こそが、不祥事の温床となる。

3 相談がないのは順調な証？

報連相

CASE
部下が報告や連絡をしてくるのは当然だと思っていませんか？

ある職員が、担当する業務委託の契約について、毎月の委託料の支払いを怠ってしまっていました。

その職員はそのことが発覚しないよう、事業者から送られてきた請求書を職場のシュレッダーで処分し、また、同僚が未払いに気付いた際にも、上司へは虚偽の報告をしてごまかしていました。

解説　ミスの度合いに認識の溝がある

筆者も日頃、担当職員が事業者からの請求書を机上に放置したままにしていたり、引き出しにしまいこんでしまったりしていたらどうしようかと不安になることもありましたが、この事例を知って、思わず、まだ棄てていないだけありがたいと思ってしまいました。

職員は、ことのほか自分のミスが露見するのを恐れます。しかし、そこには、**上司と部下で認識に大きな隔たりがあるのです。**

管理職にとっては些細なミスと考えられるものでも、担当の職員にとっては、まだ上司に報告する段階にはないと考えて、何とか自分でリカバリーしようとしがちです。

そのため、管理職の日頃の姿勢が大切になります。部下が思っているミスは、管理職にとっては本当に些細なレベルのものがほとんどなのです。早い段階で知らせてもらえれば、対処はたやすいものです。ミスのようなトラブルこそ、早めに、小さなうちに知らせてほしいということを職場で浸透させる努力をしましょう。そのためにも、しつこいと思われるくらい、「上司から先に確認を求められたら部下の負け」になるから報連相は頻繁に行うよう伝えましょう。

事例の職員も、委託料の支払い漏れは、会計事務としては決して好ましいものではありません。しかし、分かった時点で速やかに支払いの手続を行えば、予算を執行することは可能であり大きな問題にまではなりません。

報連相が遅れ、問題が大きくなってからでは、管理職も担当の職員も同僚も、その後の対処がみんな大変になり、組織へダメージが重くのしかかってしまいます。

対応法　報連相が管理職をラクにする

報連相は組織における仕事の基本。管理職の皆さんは、言わなくても職員はしっかり報連相をしてくれるものと思っていませんか。

その考えは「甘い！」。小学生の頃を思い出してみてください。子どもが、いつも親が必要と考えている報告・連絡・相談をすることがありましたか？　締切前日にプリントを見せられたり、当日の朝になって洗濯物が出てきたり……。我が家の子どもに限らず、ほぼ報連相はないのではないでしょうか。毎日、一緒にいる親子ですら意思疎通は難しいのです。職員が的確に報連相ができたときは、ぜひ褒めてあげましょう。

【部下に報連相をためらわせてしまう管理職の日頃の言動】

- □ **悪い報告には過剰に反応し、不機嫌になったり、感情的になって怒ったりする**
- □ **常に忙しくしていて、声を掛けづらい**
- □ **指示があいまいで、締切りも明確でない**
- □ **言うことがコロコロ変わる**

自戒の念も込めて言うと、こうした姿勢は、小まめな報連相をためらわせます。的確な報連相を求めるのなら、まず、自分が変わらなければいけません。管理職自身にとっても、リスクが小さいうちに対処し、手遅れになる前に業務の進捗を確認できる報連相をしてもらえれば、仕事が断然ラクなはずです。

+αアドバイス リモート時代のコミュニケーション

在宅でのリモートワークにおける職員とのコミュニケーションの取り方は、上司、部下、双方にとって課題になっています。

例えば、オンライン会議のアプリ一つをとっても、対面での会話と違い、相手の発言が最後まで終わるのをしっかり待ってから発言しなければなりません。最初は少しもどかしく、会話のリズムも取りづらいため、発言を控えてしまいがちです。リモート時代には、コミュニケーション能力の不足が助長されてしまう危険があります。

皆さん自身が早く慣れて、普段と変わらない雰囲気をつくっていきましょう。

CHECK

報連相をしやすい雰囲気は、管理職がつくっていかなければならない。

4 何百回にもわたり無免許で公用車を運転

不祥事とリスク

CASE

不祥事の予兆を見逃さないためにどうしたらよいでしょうか？

教習所に通っていることを以前から公言していたある職員は、まだ免許を取得していないにもかかわらず、勤務時間中に公用車を運転し、その回数は２００回を超えていました。

課長は、この職員が教習所に通い始めてから半年ほど経ったころ、本人に免許証の取得状況を確認していましたが、職員は取得したと偽った報告をしていました。

解説 意外にも公務員の無免許運転は多い

世の中には、実際に事例の職員のように虚偽の報告をする職員が存在します。恐ろしいですね。残念ですが、管理職の皆さんは現実を受け止め、不祥事を防ぐための正しい対処の術を身につけなければなりません。

この事例では、これだけ頻回に繰り返されていますので、確認や指導の機会は十分あったとして課長にも戒告の懲戒処分が出されています。つまり、不祥事を防ぐためには、予兆を見逃さず、その段階で確認や指導をすることが重要なのです。

この職員の無免許運転の発覚は、職場ではなく、勤務時間外に、親の車を借りて友人を乗せて運転していたところを警察官から職務質問を受けたことによるものでした。この職員は、普段から遅刻や、公金の紛失、勤務態度の不良など、1年間に何度も顛末書を書かせられていたそうです。すでにヒヤリハットを超えるレベルの予兆がたくさんあったわけです。

事例の課長は、職員が以前から教習所に通っていることを知っており、本人に状況を確かめていたわけですが、免許証の提示を求めることなどまではしていませんでした。職員の日常の素行を踏まえれば、確認が不足していたとされてもやむを得ない状況にありました。

驚くべきことに、公務員が無免許運転で検挙されるケースは、全国各地で生じています。公用車を運転する際には、職員が免許証を所持していることについて確認する仕組みが必要な状況にあります。

各自治体では、運転日誌に必ず免許証番号を記載させたり、定期的に職員の免許証の更新状況を確認したりするなど、簡便なものではありますが、仕組みを工夫されていますので、参考にして確認方法を検討しましょう。

対応法　1件の事故に300のヒヤリハットがあると意識する

事故やトラブルが起きるときには法則があることをご存じでしょうか。

【ハインリッヒの法則】

- □ **重大な事故が起きるときの1：29：300の法則**
- □ **1つの重大な事故の裏には29の軽微な事故が存在する**
- □ **その29の軽微な事故の裏には300ものヒヤリハットがある**

つまり、重大な事故が起きる前には、その予兆になるものがこんなにもたくさん存在しているということです。リスクマネジメントの研修などでもよく取り上げられている法則ですので、ご存じの方も多いと思います。ヒヤリハットの段階でリスクを取り除ければ、事故を未然に防ぐことができるわけです。

このことは職員の不祥事についてもあてはまります。長年、見直すこともなく前例踏襲で繰り返されてきた仕事の慣行や、職員の事業者との付き合い方、職員自身の体調など、職場には不祥事に繋がりかねないリスクとなる要素が多く潜んでいるものです。

このため、皆さんは、「何か変。おかしい。」とヒヤリハットに気付いたら、ただちに他に問題がないのかを確認しましょう。

＋αアドバイス　職員の様子に変わりはないかを気に掛ける

また、職員の様子を気に掛けておくことは、メンタルヘルス対策としても有用です。仕事や家族のことで悩んでいるようなことはないか、疲れがたまっていたり、体調が悪かったりする様子はないかとか、日頃から注意しておくことです。

過度な干渉はハラスメントの要素にもなりかねませんが、職員の私生活の様子にも一定の注意は必要です。公私にかかわらず、過度なストレスが不祥事の原因に挙げられることが多いからです。現に、公務員の不祥事の事例を見ると、強いストレスのかかりやすい職場で問題が起きやすい傾向があります。

CHECK

職場に潜むリスクを洗い出しておくことが、自らの身を守る術。

5 公共交通機関を使わずに出張旅費や通勤手当を節約

公金管理

CASE

公金は住民から預かる大切な財産。管理が厳しく問われる

職員7人は、管外の遠方へ出張する際、いったん正規料金で航空券を購入し、職場に提出する領収書を入手したうえで、その後、早割の料金で買い替え、正規料金との差額の払い戻しを受けました。

さらに、当初の計画から宿泊日数が減ったにもかかわらず、職場に申告することもなく、宿泊費の差額を受け取っていました。

解説　公金に対する意識が希薄になっている

事例の職員らについて、ここまで手の込んだことをするかと感じたと思います。7人もの職員が加担したこの事例では、組織的に行われ、悪質なものだとして、停職などの懲戒処分に加え、職員の上司である課長補佐や係長の降格処分までがなされています。

公金は住民のもの、住民のために使うものです。公費を使って節約をしようなど言語道断の仕業です。7人もの職員がいながら、誰もおかしいと考えなかったのでしょうか。遠出の出張となると、仕事とはいえ、つい気持ちも開放的になります。職場のチェック機能も働いていなかったとすると、公金への意識が希薄であり管理も杜撰で、組織として大きな問題です。皆さんの職場は大丈夫ですか?

対応法　公金の取扱いは要注意

公金は行政サービスを提供するために、住民から預かっている大切な財産です。自分のものが一番大切と思ってしまうかもしれませんが、法律でも、人から委任を受けて預かった財産などは、「善良な」管理者の注意をもって管理しなければならないとされ、「自己の財産におけるのと同一の注意」よりも一段高い注意義務が課されており(民法第644条など)、自分の財産より大切に扱うことが求められています。

職員が公費を現金で取り扱う場合は、くれぐれも住民に不審を抱かれないようにしなければなりません。

【現金を取り扱う際の注意点】

□職場で、公費と私費は、別々に保管し、明確に区別して管理する。

□現金の取扱いの流れは全て透明化しておく。

□現金を一人の職員だけで取り扱わせたりせず、必ず複数人や係長などが確認し組織的にチェックする体制とする。

□現金の取扱いはできるだけ少なくする。

お金の流れに少しでも不鮮明な部分があると、住民から強く疑われてしまいます。

また、職員個々人の現金だけでなく、職場の互助会の会費など、公金に当たらない私費については、公金と完全に分けて管理する必要があります。公費と私費が混じっていると、金額が合わなくなったときにごまかしなどを誘発してしまいます。

＋αアドバイス　キャッシュレス化、イレギュラーなケースへの対応

公金で住民から不審をもたれない最善の策は、職員が現金を取り扱わないですむようにすることです。感染症対策もあり、キャッシュレス決済が急速に普及しています。機械を通すことで計算や受取り間違いもなく、釣り銭も生じません。活用しない手はないでしょ

う。

また、現金を取り扱っていて、イレギュラーなケースが出てきた場合にも適正に対応できるよう準備しておくことも重要です。例えば、料金を徴収する窓口で釣り銭が合わなくなってしまった場合でも、個人のお金で調整してしまうような誤った対応ではなく、各自治体の定めた会計制度に則った処理が求められます。**あらかじめイレギュラーなケースではどのような対応が正しいのか、公金の管理に責任のある管理職として確認しておきましょう。**

さらに、現金だけでなく、自治体が住民に対して有する債権も大切な財産です。各種税金に加え、保育料、保険料、証明書発行手数料、施設使用料など、住民から金銭を徴収するものは全て自治体の債権です。この債権を、住民からの支払いを受けないまま放置していると、財産についてとるべき権利を行使していないとして、法令違反となり、住民監査請求の対象にもなります。債権管理もコンプライアンスの問題の一場面なのです。

CHECK

節約するなら自分のお財布で。公費で小遣い稼ぎなど、もってのほか！

6 ミスに慌て、決裁を後回しにする

自治体の意思決定

CASE 部下はミスでパニックになりがち。管理職まで一緒にのまれない

ある職員は、担当している3つの事業について、予定どおりに進めることができず、まだ手も付けられていませんでした。それにもかかわらず、上司の決裁を受けることなく、公印を無断で使用して国への補助金の交付申請書を作成したり、その補助金の完了検査では、検査官を前年度に完了した別の事業の場所へ案内したりして、事業が完了したように装いました。

解説　補助事業は管理職が進行を管理する

職員は自分のミスを隠したがるものです。事例の職員も、仕事が進んでいない状況を伝えづらかったのでしょう。周りのサポートがどうだったのか、早い段階で相談できる同僚がいなかったのか、職員一人に全て任せっきりの組織だったのではないか。いろいろと事情が推察される事例です。

うその上塗りと言うように、**一度、ごまかしてしまうと、つじつまを合わせるために、事態はどんどん悪化してしまいます。**この事例では、補助金の完了検査を行った場所が前年と同じところで、所在地が異なることに気付かれ、状況が発覚しました。このような国の補助事業でこんなことをされては、事例の自治体の信用はガタ落ちです。今後は、国から補助金の交付を受けることができなくなるかもしれません。

事例のような国の補助事業であれば、年度内で完了することが原則となりますので、その点では、スケジュールも明確であり、組織的に進行管理を行うことは容易だったはずです。今回の場合、上司である管理職がその管理監督責任を果たせていません。

対応法　決裁時に注目する3つのポイント

自治体の執行機関を代表するのは首長です。しかし、首長一人で行政の隅々まで全てを決定することはできません。そこで、それぞれの事務について、首長に代わって決定権が与えられる職員が定められます。これが事務決裁規程や事案（事務）決定規程です。

【決裁でのチェックポイント】

□ 何を決定するのかが明確であるか

□ 決定内容に、決定権者や関係部署などとの合意がなされているか

□ 決定権者が正しく指定されているか

案外、何を決めるのかが定かでない起案が多く散見されます。これでは決裁をしても意味がなく、執行は根拠のないものになってしまいます。後世には、何が決まったのかが分からないことになり、将来の自治体の意思決定が歪みかねません。

また、担当職員は往々にして、起案によって庁内の合意をとればよいと勘違いしています。**起案・決裁は、あくまで意思決定を裏付ける記録であって、合意形成を初めて図るための手段ではありません。**重要な事項にもかかわらず起案が回ってきて初めて知ったり、まだ組織で処理方針も定まっていないのに勝手に起案で決められたりしても、そのまま決裁することができません。事前の合意形成は欠かせないのです。

必要な決裁が行われなかったり、決定権者が間違っていたりしては、誰に決定権があるのかを定めた意味がなく、自治体のルールに反します。職員には、取扱いについて、しっかり指導しておく必要があります。

管理職が最も注意すべきは急ぎの決裁です。職員が急いで持ってくるものほど重要な内容を含んでいることが多くあります。締切りに追われているからといって、しっかり見ないで決裁してしまうと、あとから思わぬ落とし穴が待ち受けていることがあります。担当の職員も時間をかけられずに決裁書類を作っているだけに、ミスが含まれていることが多く、危ないのです。

＋αアドバイス　決裁の必要性を見直す

日常業務でも、焦りはトラブルのもとになります。講演会の企画で会場を取り忘れていたことに気付き、上司への決裁も仰がず慌てて予約をしたら、公演日直前になって、予約日が間違っていたり、講師の控室を取り忘れていたりしたことが判明したといった類のことが起きがちです。

さらにただ慣行で、意思決定のあり方としては意味がない決裁も見受けられます。こうした不要な事務処理は、これから求められる業務のデジタル化を進めるうえでも阻害要因になりかねません。決裁の必要性については、管理職がしっかり押さえておきましょう。

CHECK

職員には、起案・決裁の目的と意義をしっかり理解させせよう。

7 保存年限を確認せず文書を廃棄

文書管理

CASE 公文書がなくて自治体が裁判で負けるようなことになったら?

ある職員は、問い合わせに対応するため、前年度以前の契約書類などが入った保存箱3箱を書庫から持ち出してきました。当面、対応が続くことが想定されたことから、まだ書庫に戻すのは早いと思い、執務室にスペースがないため、保存年限を満了して近々廃棄予定であった保存箱の隣にスペースを見つけて置いておきました。後日、置いておいた保存箱は隣のものと一緒に廃棄処分されてしまいました。

解説　公文書の誤廃棄は管理職に責任がある

公文書には保存年限が決まっています。法令で保存期間が決まっているもの、国などの補助金等で検査の期間により決まってくるもののほか、取り扱っている内容や重要度により定まります。担当職員の仕事の都合といった恣意的な運用ではいけません。

事例の職員は、たとえやむを得なかった事情があったにしても、書庫から持ち出してきた保存箱を廃棄予定のものの近くに置くことによって、廃棄される危険性があったことを容易に推測できたため、誤廃棄を防ぐ何らかの措置を施しておくべきでした。

さらに、保存箱を廃棄した職員も、機械的に処理するのではなく、中身を確認してから運び出すべきでした。**公文書管理において、こうして職員に不注意があるのも、十分に指導ができなかった管理職に責任があります。**

事例に限らず、国や全国の自治体で、公文書の誤廃棄が続出しています。

公文書の誤廃棄でもう一つ問題になることは、行政に都合の悪い公文書を故意に廃棄したのではないかと住民から疑われてしまうことです。公文書の管理については、懲戒処分の対象になるだけでなく、故意に廃棄すれば、公用文書等毀棄罪（刑法258条）にあたり罰せられることになります。

公文書が効力を発揮するのは、作成当初ではなく、後世になってからのことです。いい加減な公文書の管理は、次に皆さんの部署で管理職になる後輩を苦しめることに他なりません。

対応法　公文書管理の担当者を指導する

公文書の管理は、情報公開制度とセットで、自治の根幹を支える車の両輪に例えられます。どんなに情報公開制度が充実していても、肝心の公開する公文書がなければ全く意味をなしません。住民が自治体の保有する情報にアクセスするための情報公開制度を機能させるため、公文書の管理は、住民による自治を支える基本的な仕事になります。

【公文書管理の重要ポイント】

- □ **自治体の意思決定を行う場合には、漏れなく起案文書が作成されているか。**
- □ **公文書にはマイナンバーをはじめとする個人情報や機密情報が含まれていることを踏まえた厳重な保管がなされているか。**
- □ **公文書を安易に外に持ち出せないよう、ルールやデータのセキュリティ対策などの仕組みが整っているか。**
- □ **公文書の廃棄は、保存年限に従って、適切になされているか。**

公文書の保管に関するファイリング事務については、仕事の初歩として、経験の浅い職員が担当することが多くあります。このため、公文書の重要性もよく考えずに処分されるとも限りません。**職員には、管理職や係長から、公文書の意義をしっかり理解させておき適正に管理しましょう。**

+αアドバイス　公文書の重みを知っておく

歴史的価値のある公文書や古文書を収集管理する文書館でも、所蔵資料の整理を進めていた際に、保存しておくべき歴史的公文書を誤って廃棄した事例があります。

また、危機管理を担当する20代の職員が、災害時避難に関する個人情報を持ち帰り、駅のごみ箱に廃棄していたことが、駅の清掃員が届け出たことで発覚した事例もあります。公文書を安易に考えている様子が見受けられます。

自治体が当事者となった裁判では、公文書が決定的な証拠となります。それだけ、公の機関の作成する文書への信用は高いのです。その重要度を再認識しましょう。

CHECK

1件の公文書が自治体の命運を握ることがあるといっても過言ではない。

公務員の副業

8 今どきは公務員も副業し放題⁉

CASE スキルアップに有用とされる副業。公務員が注意すべきことは？

ある職員は、若くて体力のあるうちに蓄えを増やしておきたいと考え、民間で働く友人がダブルワークをしていることを参考に、平日、仕事が終わった後の夜間や休日に、特に職場に相談することもなく、近所の飲食店でアルバイトを始めました。

別の職員は、趣味が高じ、職場に無断で、動画配信サイトに動画を投稿して報酬を得ていました。

解説　兼業には任命権者の許可が必要

人口減少社会を迎え、地域の担い手として、公務員への期待が寄せられています。また、型にとらわれない公務員を目指して、副業にも挑戦してみたいと思っている職員も、近頃増えているようです。こうした社会背景はあるものの、公の職務に携わる自治体の職員には、どこまで副業することが許されるのでしょうか。

【服務に関する7つの原則】

- □　**3つの義務：職務専念義務、法令等に従う義務、守秘義務**
- □　**2つの禁止：信用失墜行為の禁止、争議行為等の禁止**
- □　**2つの制限：政治的行為の制限、営利企業等従事の制限**

公務員の兼業は、この服務の原則の最後に挙げた営利企業等への従事の制限に引っ掛かります。公務員は公の利益を追求し、公正な立場にあるべきことから、こうした営利活動への制限が必要とされます。また、副業に張り切るあまり、本業である公務がおろそかにされては、服務の原則の最初に挙げた職務専念義務への違反にも繋がります。

このため、例えば地域の非営利な活動など、職務の公正さが害されず、住民から疑念を抱かれることのないものであれば、副業が許される場合があります。また地方公務員法では、任命権者（首長など）の許可を受けなければ、報酬を得るいかなる兼業にも従事してはならないとしています（同法第38条）。この規定を受け、**各自治体で兼業を許可する手続が定められています。**部下から相談があったときに答えられるよう、確認しておきましょう。

対応法　兼業が職員の生活の身近にも

不動産投資で資産形成、相続した土地を活用してマンション経営、ネットを使って広告収入、自宅を使って民泊経営。身の回りでわりと簡単に報酬を得て事業に従事する可能性が、公務員の身近にも広がっています。**うっかりしていると、気付かないうちに兼業していたなんてことにもなりかねません。**ところが、兼業を行うためには、事前に任命権者の許可をとる手続が必要であることを知っている職員はごくわずかではないでしょうか。このような認識不足が手続遺漏によるうっかり違反を引き起こしてしまう要因ともなっています。副業に関心を寄せる社会の流れに合わせ、自治体においても、こうした職員のキャリア形成の支援に繋がる制度については、積極的に職員に周知すべき時期に来ています。

前者の事例は、報酬を得る目的しかなく、学生時代と同じ感覚でバイトを始めており、兼業の許可が得られるものではなかったと考えられます。このために、職員が本業をおろそかにするようなことになれば、上司の管理監督責任にも及んできます。

また、後者の事例では、趣味の延長線上でしていたことが、気付いたら報酬を得る事業に従事していることになってしまいました。ネット社会が進む今後は、こうしたケースが増えてくるおそれがありますので、**皆さんから、兼業について注意喚起することも必要です。**

+αアドバイス 公務員に期待される地域貢献活動

民間企業では「ESG（環境・社会・統治）経営」（CHAPTER4❼参照）に力を入れるところが増えてきました。こうした地域貢献への取組み強化の流れを受けて、公務員にも積極的に地域活動や社会奉仕に貢献してもらいたいという声が聞こえてくるようになりました。管理職からは、従事する職員に公務員としての自覚を改めて促して送り出しましょう。

また、職務の公正さを害する意図はなくても、コロナ禍で経営が厳しく、人手が足りないのを見かねて、妻の営む事業を手伝ったら、兼業禁止に違反していたということもあります。事情があったにしても、せめて兼業許可を担当する人事部門などと、取り得る方策について相談すべきでした。職員の営利活動への従事は、住民の不信感にも繋がりますので要注意です。

CHECK

部下がネットで有名人！　なんてことにならないように。

9 バイトテロに見る「分かりやすさ」症候群

今の世代の傾向

CASE

最近就職してくる世代は管理職の世代と考え方に違いがある!?

ある職員は、特定のアーティストの熱烈なファンです。周囲にも公言し、大変な熱の入れようでした。職員は、熱を上げるあまり、勤務時間中でも、夢中になってこのアーティストに関するＳＮＳへの投稿を繰り返すようになりました。このＳＮＳには職員自身の写真も掲載されていたことから、職員の身分がばれ、勤務時間中の投稿に批判が殺到し、ＳＮＳは大炎上。職場にも住民から苦情が届きました。

解説　バイトテロは対岸の火事？

一時、コンビニエンスストアや飲食店などで働くアルバイトが、悪ふざけで店舗の中でやってはいけないことをしている様子をSNSにあげる「バイトテロ」が、食品衛生上などの問題にもなり、報道で大きく取り上げられ社会問題となりました。当時はなかなか理解に苦しんだと思いますが、**世代の特徴を知れば、「映（ば）える」「ウケる」をねらってこうした所業に出る人がいることも多少分かってくると思います。**

事例の職員も、夢中になるあまり、勤務時間中であることを忘れたかのようにSNSの投稿に熱中してしまっています。こんなことになる前に、管理職も職員の勤務中の様子をよく見ておくべきでした。このような職務専念義務への違反や住民からの信用を失墜させる行為に対しては、指導・監督すべき立場にある管理職にも責任が及びます。バイトテロは、自治体にとっても決して対岸の火事ではないのです。日常から、急用でなければ、仕事中にスマホを使わないなどの指導をしておきましょう。

対応法　今の世代の特徴をつかむ

CHAPTER**2**の最後に、職員の指導・育成にあたって認識しておきたい世代間のギャップについて、少し考えてみたいと思います。筆者より前の世代では「テレビなんか見たら頭が悪くなる」。同世代は「ゲームばかりしていたら…」。次の世代が「インターネットばかりしていたら……」で、最近は「スマホばかりいじっていたら……」と親から言われたことはありませんか。

いつの時代も親の言うことはあまり変わりませんが、引き合いに出されているメディアの違いから生まれ育った環境の違いが見てとれます。いま就職してくる世代の特徴の前提にあるのは「デジタルネイティブ」であること。つまり、生まれたときには、すでにデジタル環境が整っていた世代だということです。

【いまの世代、どんな特徴？】

□正解を直線的に追い求める思考を持つ

□「ば（映）える」のように、ぱっと見で際立つ豪華さ、美しさといった分かりやすいものを好みがち

□自分の日常の周りにあるコミュニティを重視する

□社会的課題に関心が高く、社会における公正さを強く求める

すぐに使えるもの、はっきり分かりやすいもの、自分に親しみのあるものを好み、遠回りは避けたいと考える人が多いようです。悪い意味でなく、はっきり、くっきりのデジタルな要素が如実に反映されているように感じます。事例の職員のように、自分の私的な日常のコミュニティに没入する様子からも傾向を読み取れるでしょう。

変化の激しい時代ですから、こうした傾向はすぐに変わってしまうでしょうが、円滑なコミュニケーションの前提として、世代間では考え方に違いがあることを認識しておきましょう。我々世代だって、入庁当初は上司からは風変りに思われていたはずですから。

+αアドバイス 若い世代に考える習慣を付けさせる

答えを直線的に求めたがる傾向が若い世代にあることを知っておくと、**バイトテロのような事態を防ぐだけでなく、職員の育成にも繋がります。**行政の課題では、唯一の正解がない場合も多いのですが、インターネットで検索することが当たり前になっているいまの若い世代には、全てに答えが見つかるものと考えている節が見られます。インターネットで答えが見つからず、上司に答えを求めてくる職員には、自分で「考える」ことをしないと出てこないものもあることをうまく教えていきます。その問題にある課題は何か、その解決のためにどんな手立てや使える資源があるか、**どうした解決方法が住民福祉に一番良いのかを一緒に整理しながら、「考える」習慣を付けさせていきましょう。**

CHECK

世代の特徴をつかみながら、人材育成を進めていこう。

COLUMN

2 かつてドリカム、今ドリハラ

夢なんて要らない?

「ドリームズ・カム・トゥルー」――私の入庁した1990年代当時から流行したアーティストの名前にもなっているように、将来、夢は叶うと信じてきた世代です。それが今では「ドリーム・ハラスメント※」、夢と希望すらハラスメントに。大人から「夢を持て」と押し付けられることを若い世代が迷惑がっているというのです。やりたいことが見つからず進路に悩む学生は昔からいました。しかし、夢を持たせることがハラスメントというのは最近の話です。

※『ドリーム・ハラスメント:「夢」で若者を追い詰める大人たち』(高部大問、イースト・プレス)

明るい未来を描ける世界に

私が入庁したのが平成8年(1996年)。バブル崩壊直後であり、「失われた30年」と言われる時代が続きます。思えば、自分だって、給料やボーナスがぐんと上がった羽振りのいい時代を知りません。社会が将来の成長を描けてこられなかったのに、10代、20代の若者たちに将来に希望を持てと言うほうが無理なことなのかもしれません。

しかし、人は成長を実感できるからこそ、意欲が湧くものです。大人や社会が押し付けなくても、若者たちが未来に夢と希望を持てる世界を実現して、ドリハラを死語にしなければなりません。

皆さんも、口だけの人と思われないように気を付けないと、良かれと思って言っていることが、一方的に押し付けられたと職員に嫌がられているかもしれませんよ。

CHAPTER

3

住民・事業者・議会編

1 勤務時間中に職員が外でタバコを吸っていると通報がきた

住民の信頼

CASE

なぜ公務員は、特にコンプライアンスが求められるのでしょうか？

ある職員は、勤務時間中に職場を抜け、庁舎近くのベンチに座って喫煙することを頻繁に繰り返していました。

その様子を目撃した住民から「職員が外でタバコを吸っている」と通報がありました。

調査した結果、職員が勤務時間中に外出して喫煙していたことが判明しました。

解説　公務員に対する住民の期待に応える

CHAPTER1、2は職員との関係における自治体組織内部の話が中心でした。このCHAPTER3では、住民、議会、事業者と、外部の方々との関わり合いについて見ていきます。

まずは住民との関係を取り上げます。

改めて、公務員にコンプライアンスが強く求められる理由はどこにあるのでしょうか。

【コンプライアンスが求められる理由】

□法令に基づく行政から帰結する自明の理

□「職員は担当する分野に精通する法令のプロである」という住民の認識

□「職員は公正な立場を全うする社会の模範であってほしい」という住民の理想

□「身分の安定に見合うだけの働きを果たしてもらえる」との住民の期待

行政は全て法令に基づいて行われなければなりません。公務員の職そのものが法令の根拠なしには存在しないのです。その職務は全て法令を根拠としたものになります。

公務員は、住民に対して法令に従うよう求める立場にもあります。何もコンプライアンスということを持ち出すまでもなく、法令を守ることは当然のことなのです。

こうした公務員の位置づけや職務の内容から、住民には公務員に対し、公正に進めてほしい、社会の模範となる行動をとってほしいという期待があります。**法令を守ること以上のこうした公務員像への期待があることから、公務員に求められるコンプライアンスは広く厳しく捉えられることになります。**

事例の職員は、勤務時間中に職場を抜け出していること自体、職務専念義務に違反し問題です。加えて、昨今、喫煙マナーには大変厳しい目が向けられます。屋外であっても吸っていいとは限りません。休憩時間中に吸えないわけではありませんが、公共施設は禁煙になり、場所を慎重に選ぶなど十分に注意が必要です。皆さんは、職員の喫煙マナーについて指導する立場にあります。

対応法　公務員が期待を裏切ると厳しい批判を受ける

住民は、われわれ公務員が想像している以上に職員のことをよく見ています。職員に緊張感を持ってもらうためには、厳しく「監視」されていると捉えていただくといいかもしれません。

法令を守るべき人たちが法令を守らない。**公務員への大きな期待が裏切られれば、その反応も必然的に厳しく大きなものになります。**職員一人への批判は、職場、自治体への批判です。住民からの信頼を損なわないよう、職員の服務規律を維持しなければなりません。

社会的なマナーについても、公務員の言動に対しては、厳しい目が向けられます。歩きスマホ、路上喫煙、通路をふさぐように横に広がった歩行、ポケットに手を突っ込んでいる姿、車道の横断や信号無視、路上駐車、庁舎の廊下や階段での会話など。新型コロナウイルスの流行期には、職員が居酒屋にいただけでも通報されるといったことも起きました。皆さんの部下は大丈夫ですか。

＋αアドバイス 来庁者の無断撮影への対処

住民の行き過ぎた「監視」行動として、庁舎内において、職員の様子を無断で撮影する問題があります。カメラやスマホは年々、性能が上がり、解像度が高くなっています。住民の個人情報が盗撮されてしまう危険まであります。

できれば庁舎管理規則に無断撮影の禁止まで定めておくことが望ましいのですが、明文がないとしても、写真撮影は来庁の本来の目的にはあたりませんので、庁舎管理権により毅然と拒否すべきです。管理職として、職場の安全を確保しましょう。

CHECK

コンプライアンスを推進することで、住民から信頼を得ることができる。

2

住民からの苦情に寄り添い続けた結果

カスハラ対策

CASE

新しいハラスメント「カスハラ」への対策が求められている

生活保護のケースワーカーをしている職員が、ある受給者から、業務外に、理不尽な要求を繰り返し受けるようになっていました。自分が逃げたらケースワーカーがいなくなってしまうと考えた職員は、がまんして耐えていました。

しかし、受給者の要求がエスカレートしていくうちに、もう解放されたいと思い始めていた職員は、次第に判断力が低下し、この受給者を殺してしまいたいと思うようになりました。

解説　新しいハラスメントにも注意する

アルハラ、スメハラ、セカハラ、ソーハラ、リモハラ、ワクハラに、ハラハラ？

皆さんは何個のハラスメントを知っていますか？　新しいハラスメントが続々と登場し、今では何十通りにも上っているそうです。ちなみに、最後の「ハラハラ」は、ハラスメント・ハラスメントの略で、何でも「ハラスメントだ」と騒ぐ嫌がらせのことです。CHAPTER **1**では「ハラスメント天国」とご紹介しました。

カスハラも新しいハラスメントの一つ。カスタマー・ハラスメントを略したもので、顧客からの嫌がらせです。土下座を強いられたり、人格を否定する暴言を吐かれたりすることです。その様子を報道でも取り上げられるようになり、大きく社会問題となっています。

民間企業が「顧客は神様」と捉える以上に、自治体では、住民を中心に考えます。住民の来庁や電話を断りきれないという固い認識の下で、こうしたハラスメントにあたる住民の行動への対策に二の足を踏んでいるように見えます。

しかし、**一度要求をのんでしまうとどんどんエスカレートしていきます。**

信じられないかもしれませんが、紹介した事例は現実に起こった事件を基にしています。

実際、この職員は受給者の腹部を包丁で刺し、殺人未遂事件にまでなってしまったのです。

この職員は20代。ケースワーカーの仕事への誇りを支えに、自分が踏ん張らなければと受給者の度重なる要求にも耐え忍び頑張り続けてきたものの、問題を一人で抱え込み、正常な判断力を失うまでに至ってしまいました。

こうした悲劇を起こしてはいけません。職員の精神的苦痛は大きなものがあります。**職員がここまで追い込まれる前に、管理職が手を差し伸べなければなりません。**

対応法 カスハラ対策の取組みが始まっている

民間企業でも、カスハラへの対応方法をルール化するなど対策を取り始めているところが増えてきました。

高圧的な態度はいわば顧客という立場を背景にしたパワーハラスメントの側面もあります。令和2年6月に施行されたパワハラの防止を図る改正労働施策総合推進法を踏まえた厚生労働省のいわゆるパワーハラスメント指針でも、事業主に対し、「顧客などからの著しい迷惑行為に関する労働者からの相談に対して、適切かつ柔軟に対応すること」が盛り込まれています。

公務員についても、人事院により、カスタマー・ハラスメントに関する相談対応等の取組みの必要性が人事院規則で挙げられましたので、各自治体で対策を考えていく必要があります。

今後はカスハラ対策の制度化も想定されますが、悪質なクレームは、業務に支障を来たすばかりでなく、対応する職員にも重い精神的な負担がのしかかります。貴重な人材を失わないためにも、管理職には、働きやすい環境づくりとして、職場でのカスハラ対策が求められます。

特に、住民と接する機会の多い職場では、早急に対策を考えていくことが望まれます。例えば、これまでに対応に苦慮したケースを基に、どう組織的に対応したらよいのかを話し合うことから始めてみてはいかがでしょうか。

＋αアドバイス 住民の権利の濫用

執拗に同一の要求を繰り返す住民の迷惑行為に対しては、組織的な対応を図り、住民に警告を発するなど、自治体の姿勢を示すことが必要な場面もあります。

参考になる考えとして、情報公開制度における権利濫用の認定があります。特定の者から頻繁に繰り返される開示請求や大量の開示請求に対し、業務に支障が出るとして、対応を拒否するものです。住民の権利を制限することのないよう、慎重な判断が求められますが、権利行使にも一定の歯止めが必要なことを示す例となります。

CHECK

事件が起きてからでは遅い！　早急なカスタマー・ハラスメント対策を。

3 執拗な攻撃、理不尽な要求にも一人で対応させてしまう

不当要求

CASE 執拗に理不尽な要求を繰り返してくる住民への対応は？

地元の有力者である住民が、何かにつけ、職員の勤務態度が悪いとクレームを言ってきて、ひどい時には、その職員の上司に対し、土下座での謝罪まで求めるようになりました。この住民への警戒心が高まる中、住民は特定の職員に対し、恐怖心を逆手に取って、職務とは関係のない自宅の庭の掃除や買い物などをさせていました。

解説　窓口職員の自負が逆効果になることも

自治体の窓口では、住民に対し丁寧な接遇が求められます。このため、接遇スキルの高い職員ほど、とにかく相手の気が済むまでとことん話を聞いて、できるだけ気持ちに寄り添いたいと考えます。さらに、窓口を任されているとの自負から、そう簡単には上司につなぐようなことはしません。

通常のケースでは、こうした職員の存在が管理職にとっても何とも頼もしいものですが、ハードなクレームには、組織の管理責任者としてしっかり職員に対応方針を伝え、状況によっては管理職自身が一緒に対応するなどの関与すべき場合も出てきます。

事例の住民のように、逆らうと何をされるか分からず、恐くなって、職員はつい言うことを聞いてしまいがちです。

こうした場合に、職員一人で対処することのないよう、**不当な要求には組織で対応することを想定し、職場でしっかり共通認識を図らなければいけません。**

対応法　不当要求に対処するための3つのポイント

自治体の窓口では、大声を張り上げるなどの高圧的な態度のほか、同じことを何度も繰り返し執拗に要求してきて、何時間でも居座り続けるような来庁者もいます。

こうした住民からの不当な要求に対し、職場ではどのような取組みが必要でしょうか。

まず、**住民のその要求が「不当な」ものなのか、その選別が必要になります。**不当なクレームだと決めつけて、正当な苦情まではじいてしまっては住民の正当な権利が保障されません。不当性の判断基準としては、仮に他の人が同じ要求をしてきた場合にも受け入れられるのか、断らなければならないのかにあります。他の人が要求してきた場合に断らなければならないと判断する内容であれば、それは「不当な」要求ということになります。

【不当な要求への対処のポイント】

□ 安請け合いは禁物と心得る

□ 職員が不当性を判断できるようあらかじめ共通認識を持っておく

□ 職員一人ではなく、必ず組織で対応する

不当な要求をしてくる住民は、些細な事でも、一度のんでしまうと、どんどんたたみ掛けてきて、要求がエスカレートしていきます。安易な迎合は禁物です。窓口対応では、住民の話は必ず聞くものと考え、なかなか割り切ることは難しいものです。職員に、「いったん上司に確認します」などと伝えさせて持ち帰るようにするなど、どのタイミングで不当性と判断し話を切るのか、職場でよく検討しておきましょう。

また、一人の職員に頑張らせていると、手に負えないほどに問題が大きくなってしまうことがあります。そうなる前に、厳しいクレームには、組織として統一した対応が必須ですので、管理職も職員と一緒に対処法を考えましょう。

＋αアドバイス 警察などとの連携も準備しておく

過剰なクレーム対応では、関係機関との連携も必要です。

モンスターペアレンツに代表されるように、役所の窓口だけでなく、学校現場でのクレーム対応も深刻な問題です。毎日のように学校へ言いがかりをつけにくるような保護者も見受けられます。学校の人員では対応に限りがあり、教育活動にも支障が出かねません。このため、教育委員会は、学校を支援する立場から、悪質なクレームには法的に対処するよう、弁護士などの専門家を利用することも検討すべきでしょう。

また、自治体の窓口などでは、脅迫、強要、暴行など、来庁者の言動によっては、犯罪に当たるものもあります。手を出してきたり、物を壊したり、「殺すぞ」など物騒なことを言ってきたりなどしてきたときには、迷わず通報し、警察の助けを借りることも大切です。

CHECK

過剰な要求を受けている職員を決して独りにはしないで。

4 「仕様書に載っていないことはやらない」と事業者に断られた

契約の仕様

CASE

事業者との契約を職員一人に任せきりにしない

学校に導入するパソコンの納品を請け負った事業者が、指定の場所にパソコンを配置し、セッティングまで行いました。

しかし、配線の接続については、契約の仕様書に載っていないとして、断られてしまいました。これでは子どもたちが授業でパソコンを使うことができません。

解説　管理職自身で仕様書案を確認しておく

業務の委託先となる事業者は、発注者である自治体の示した仕様書に基づいて必要な経費を算出し、入札に参加します。

したがって、委託を受ける事業者にとって、どこまでが契約業務の範囲なのかは大変シビアな問題です。自治体が想定した業務をきちんと定めているのか、管理職にとって仕様書の確認は大変重要な仕事です。確認のポイントを押さえましょう。

【契約事務のポイント】

- □ **契約の準備から業務の完了まで、一連の流れで繋がっていること**
- □ **事業者にとって十分な工程期間を設けたスケジュールを立てること**
- □ **余裕のもてる事務日程を組むこと**
- □ **仕様書の調整・確認に重点を置くこと**

契約を締結する前に、担当職員の作成した仕様書案をよく確認しておかないと、事例のようなことがしばしば起きてしまいます。

また、一連の流れにある契約事務であるが故に、スケジュール管理をしっかりやっておかないと、仕様書を急いで整えるあまり、事例のような漏れが起きる可能性もあります。

せっかく時間と手間を掛けて入札を行い、事業費を抑えられたとしても、このままでは、学校でパソコンが使えず、肝心の契約の目的を果たせていません。パソコンの配線・接続作業に対しさらに委託契約が必要となれば、事業費が必要以上にかかる結果になるかもしれません。

対応法　契約のスケジュールには余裕を持って

契約事務の大きな特徴は、単発な事務で終わらず一連の手続の流れがあることです。契約前の準備から業務の完了まで事務が連続し事業者との付き合いが継続します。

そこで、特に契約事務では、スケジュール管理が重要なポイントになります。担当職員の都合だけでスケジュールを計画し、事業者に無理な日程で契約しようとすると、事業者には、手間もコストも、必要以上の負担を掛けることとなり、収益に影響を及ぼしてしまうことになります。

また、契約では、公正な競争を促すため、入札を行うのが原則です。このため、契約事務では、万が一、入札が不調となるなど、必ずしも計画どおりには進まないことも想定に入れて日程を組む必要があります。**予定どおりに業務を進めていくためには、自治体にとっても、スケジュールに余裕を持たせておく必要があるのです。**

契約の仕様書作成にあたる職員には、ある程度の経験と、契約の目的を果たすためにはどのような業務を相手方にお願いする必要があるのかに思いを巡らすことができる想像力が求められます。経験の浅い職員の場合には、過去の仕様書を参考に作成することが通常ですので、その内容が過去のままであったりすると、やはり必要な業務内容が抜け落ちてしまう危険があり、特に注意が必要です。

＋αアドバイス 特定の事業者との馴合いを防ぐ

同一の業務内容で、長い期間にわたり特定の事業者と契約関係にあると、事業者と自治体との間で馴合いが生じてきます。担当する職員にとっては、要求が通りやすく、融通も利くことから、ありがたい関係にありますが、契約外の業務が当たり前に行われるようになってしまったり、馴合いが癒着を生む温床になりかねない悪い状態になってしまったりもします。法が想定している公正な事業参加と競争に向けて、事業者については、原則に立ち返り、競争入札を実施して、委託先が特定の事業者に固定されない制度運用が必要です。

CHECK

契約では、スケジュール管理と仕様書作成を重視。

5 お世話になった先輩が入札前に訪ねてきた

不祥事を招くスキ

CASE 景気が悪くなると、事業者はなりふり構わず契約を取りに来る

工事の発注の計画を担当している職員の職場に、元職員の土木事業者が訪ねてきました。この元職員は、かつて担当職員の職場の直属の上司であり、職員にとって仕事を懇切丁寧に教えてもらった恩人です。

元職員の会社の経営が厳しい状況を見かね、担当職員は、入札における最低制限価格の近似値を教えてしまいました。

解説　事業者は常にスキを狙ってくる

自治体の公共調達では、規模が大きく、多額の事業費が動く場合も多くあります。好景気で仕事が潤沢な経済状況であれば、事業者も公共事業に大きく依存することはありません。

ところが、不景気となると、今度は一転して、事業者の収益の拠り所が公共事業へと比重が大きく傾いてきます。自分たちの生活がかかっていますので、なりふり構わず必死です。手段を選んでいる余裕はなく、使えるコネは全て使おうとしてきます。

そこで狙われるのは、今回の事例のように、契約を担当する職員やその上司など、契約を決定する権限を持っている職員です。少しでもスキを見せれば、事業者は巧妙かつ姑息に職員の懐へ入り込んできます。

入札手続が始まれば、多少、管理職からも注意が向かいますが、入札の準備段階では、担当職員が事業者と何をやり取りしているのかは、案外、見えづらいものです。

契約において、職員の汚職や不祥事を誘発させないためには、管理職が、業務の進行管理の一環として行う組織的なスケジュール管理と合わせ、**事業者とのやり取りについても必ず具体的に内容を確認するようにし、担当の職員の心にスキが生じないよう、用心する雰囲気をつくることが大切です。**

対応法　職員を犯罪に巻き込ませない

公務員を汚職に巻き込んでくる相手となりやすいのが、元職員、友人や知人、地元の有力者など、職員と顔見知りの人たちです。知り合いであることを利用して、巧妙にすり寄ってきます。市町村レベルであれば、元職員に元々家業があり、退職後に経営を継ぐと、元職員が自治体との契約の相手方となる工務店などの事業者となることも珍しいことではありません。

今回の事例では、事業者が元々は職員の上司で、現役時代には大変お世話になっており恩義を感じていたことでしょう。その気持ちには共感できるところはあります。

しかし、やっていることを冷静に考えてみればどうでしょう。元職員は大切な後進の職員を汚職という犯罪行為に巻き込み、一方、職員は、お世話になった元職員を犯罪行為へ誘導しているに過ぎません。これが果たして恩義に報いることになるのでしょうか。

事業者がこうした行動をとってくるときは、周囲に気付かれないよう、巧みに担当の職員に接触を図ってきますので、なかなか管理職から容易に気付けるものではありません。契約では、こうした面からも組織的な進行管理が欠かせません。

＋αアドバイス　特定の市民委員にも注意が必要

契約を取ろうと職場を訪ねてくるのは元職員とは限りません。

以前、国や自治体では、審議会などの附属機関に、同一の委員ばかり選ばれる実態が明らかになり、公正な運営に疑問が持たれ、委員選定を改善する動きがありました。

審議の中立性を確保するため、代わりに多用されるようになったのが市民委員です。しかしながら、人物像の分からない住民を選ぶことに不安を持つ自治体は、自治会長、学校のPTA、地域の有力企業など、日頃から地域活動に多く顔を出し、地元に顔の利く住民を選びがちです。結局、市民委員導入前と同じような事態になっています。

市民委員に選ばれた住民の多くは、良識を持った対応をされていると思いますが、中には、その関係性を利用して自治体に不当な要求をしてくることがあります。こうした住民からの要求は、日頃、お世話になっている恩義から、職員も断りにくいという実情がありますので、皆さん自身も、こうした住民とは直接、話をするようにして、対事業者同様、十分に気を付ける必要があります。

CHECK

親しき中にも「礼節」あり。節度をわきまえた付き合いこそが恩義。

6 信頼する職員に任せきりにしたら、利害関係者と会食・旅行へ

利害関係者

CASE

利害関係のある事業者と職員との付き合い方には、注意が必要

いつも仕事を的確にこなし、同僚からの信頼も厚い係長に、課長も安心して仕事を任せていました。

ところが、係長は、自治体から委託契約を受けた企業の担当者と、継続して仕事で顔を合わせているうちに懇意となり、プライベートでも会う仲になって、ついには、企業の負担で二人で会食・旅行するまでに至っていました。

解説　利害関係のある事業者との付き合い方

公務員に対する接待の実態が報道で大きく取り上げられ、社会から厳しい批判が上がったことを受けて、国と利害関係にある者と適切な関係を保ち、国民からの信頼を回復するため、国家公務員倫理法が制定されました。この法律を受けて、国家公務員の具体的な行動規範が国家公務員倫理規程に定められています。この行動規範の内容は、公務員として守るべきものになっていますので、自治体の職員も同様に重視すべきものです。国にならうかたちで、独自に倫理条例を定めている自治体もあります。

【委託事業者への接し方】

□ たとえ自動販売機の飲み物１本であったとしても、気持ちに隙が生まれてしまうため、事業者には絶対に負担させてはいけないと徹底する

□ 担当の職員が事業者と一人で会う機会を決してつくらない

□ 管理職が中心となって、定期的に業務の進捗を確認する

倫理規程の対象としている利害関係者には、契約の相手方のほか、許認可を受ける者や補助金の交付を受ける者などが含まれます。事業者にとっては、利益の絡む場面です。担当する職員の言動には、汚職や不祥事を招くことのないよう、管理職が十分に注意を向けることが必要です。

事例の係長は、企業の負担により利益の供与を受けており、明らかに倫理規程違反の行為です。**仮にプライベートであったとしても、住民からの不信感は拭えないものがありますので、節度ある付き合い方が求められます。**

対応法　頑張っている職員ほど注意

職員に仕事をどこまで任せるべきかの判断基準は、経験、力量、育成、適性、性格などを踏まえ、人さまざまでしょう。仕事をしっかりこなしてくれる職員であれば、多くの場合、ある程度は任せることが、管理職の信頼を示すメッセージにもなります。

ところが、こと契約に関しては、そう単純な話では済みません。

契約事務は、見積りなど締結前の準備の段階から、業務の執行段階を経て、それが完了するまで、特定の事業者と継続して協力し合っていく関係にあります。自ずと契約を担当する職員と利害関係者である事業者との距離は縮みやすく、癒着にも繋がりかねません。

このため、**特定の職員に任せきりにしていると、事業者との馴れ合いから、不祥事を引き起こしてしまうことにもなりかねません。**

驚くことに、普段から仕事ができ、まさかこの人がといった職員に限って、汚職に手を染めてしまうケースは多いのです。**むしろ、評価の高い職員ほど、不祥事を起こしてしまいがちな傾向があります。**

仕事はできる職員に集中するものです。そこを頑張っているわけですが、どこかで「どうして自分だけ」と思っているところが必ずあります。「ならばこれくらい」という衝動から、忙しいときなどに「魔が差して」、こうした不祥事へと転落してしまうのです。

＋αアドバイス　倫理法違反は毎年起きている

国家公務員倫理法が制定されて20年以上が経ちました。しかし、残念ながら、利害関係者を相手とする公務員の不祥事は、根絶の兆しが見えません。

実際に、利害関係者から、物品の贈与、飲食の接待を受けるとともに、事業者の負担でゴルフに興じたり、利害関係者に借金を申し込んだりし、高額に上る財産上の利益の供与まで受けるといったことが、なお今でも頻発しているのです。接待も高額なものが目立ちます。公務員の服務規律の乱れは、住民からの信用を損ねるものです。

公正な職務への信頼を取り戻すため、ここは襟を正さねばなりません。

CHECK

信頼している職員に任せきりにして安心していると、思わぬ落とし穴にはまる。

7 受託事業者に海外で人権侵害に加担している疑惑が浮上

人権尊重

CASE

企業に向けられた人権侵害疑惑。自治体は大丈夫？

住民の人権保護を担当している職員がいます。最近の報道で、「大手アパレルメーカーに、服を作っている縫製工場は劣悪な職場環境で、低賃金・長時間の労働が強いられているというクレーム」や「チョコレートメーカーに対し、原料となるカカオ豆の生産地で児童労働が行われ、子どもの教育の機会が奪われているという批判」が入っていることを目にした職員は、自治体には同じ問題がないのか心配になりました。

解説　人権問題が拡がりを見せている

グローバル化の進展やデジタル技術の発達により、世界は繋がり、諸国の情報を身近に目にすることができるようになってきました。その中では、なお残る奴隷制や強制労働、児童や女性に対する虐待や労働搾取といった負の側面を有する現実も目の当たりにすることになりました。今、世界において、かつてないほどに人権意識の高まりを見せていきます。ＳＤＧｓが「誰一人取り残さない」ことを理念として掲げたのも、こうした人権に関する流れの一環にあります。

２０１１年、国連人権理事会において、「ビジネスと人権に関する指導原則」が合意に達し、人権尊重に対する企業の責任が明記されました。企業活動のあらゆる過程（バリューチェーン）における人権保護に向けた人権デューデリジェンスの行動が企業に求められています。これを受け、**日本では、２０２０年に「ビジネスと人権に関する行動計画」が策定されました。**

もはや人権問題は、公的機関だけの課題ではありません。特に、労働分野に強い影響力を持つ企業においても、こうした潮流から逃れられるものではありません。

対応法　人権問題は自治体も例外ではない

グローバルな社会では、商品の製造が、自国や近隣国にとどまらず、世界各国に広がります。コロナ禍においても、遠い国での感染症流行が、部品の調達不足に繋がり、自国の工場の操業停止を余儀なくされるといったことが起き、改めてサプライチェーンの世界の広がりに驚かされます。

企業がコスト面だけ重視して生産地を選んでしまうと、低賃金や劣悪な労働環境などの問題を抱えた取引先と関わりを持つ結果になります。

こうした背景にあって、ファストファッションブランド、スポーツメーカー、タバコ産業、チョコレート会社などに対し、取引先での商品の生産過程において人権侵害が起きていることを問題視し、その社会的責任が求められているのです。

企業にとっては、こうした人権問題に関わるリスクが、むしろコストになり得ると意識されるように変わり始めています。世界における人権意識の高まりの流れを受けて、こうした基本的人権の尊重が促進されるのは、とても歓迎されることです。

こうした社会的責任は、むしろ自治体において当然に求められるべきものです。取引先があるのは、何も民間企業に限った話ではありません。**特に自治体の契約では、費用対効果が重視されるため、今までのようにコストだけ考えていると、民間と同様に人権侵害に**

加担していると批判されるリスクが大きくなります。人権デューデリジェンスは自治体も例外ではないのです。

どの自治体においても、人権の尊重を基本理念とすることを掲げています。

強制労働、劣悪な労働環境、児童労働。取引先における人権侵害のリスクは、対岸の火事ではありません。取引先となる民間企業との間で、こうした人権侵害のリスクを抱えていないか、確認を求めるなどして備えておくべきでしょう。

＋αアドバイス　人権の尊重は入庁時に宣誓している

雇用を創出し、自立促進を図る障害者支援施設からの積極的な物品の調達や、環境に負荷のない製品を選択するグリーン購入など、すでに自治体は社会性を体現してきました。

公務員になったとき、誰もが、服務の宣誓を行い、日本国憲法を尊重することを誓いました。公務員には憲法尊重擁護義務があります（憲法第99条）。あらゆる分野において、人権を尊重する姿勢が求められるのです。

CHECK

取引先のチェックを通して、職員に人権尊重の意識を植え付けよう。

8 職員が気を利かせて無断で議員に忖度

議員と職員

CASE 住民を代表する議会。議員とはどのように付き合うべき？

ある職員は、地元の消防団に入り精力的に活動しています。生まれ育った地であり、同級生もたくさんいて、地元の議員もその一人です。議員も消防団の活動に熱心です。

昨今の自然災害の頻発を受け、この度、消防団の充実を図る新たな補助金の創設が決まりました。これは喜んでもらえると、職員は、まだ公表前にもかかわらず、この情報を議員に話してしまいました。

解説　議員と仲の良い職員には

議会への対応は管理職の要の仕事とも言えるものです。しかし実は、管理職以上に議員を特別視しているのは係長以下の職員です。管理職は、その役割から、議員と話す機会は必然的に多くなり、段々に仕事の付き合い方にも慣れてきます。しかしながら、議会に出席するわけでもない職員は、普段から議員と付き合いがなく、どう接したらいいのかが分かりません。加えて、日頃、管理職が議員の顔を見るなり目の色を変えて接している姿を見て、格別な対応を要するものと過度な意識が働いて、必要以上の特別扱いをしてしまいかねません。

住民と距離の近い市町村では、同郷や同級生、親同士に付き合いがあり、普段から管理職よりも特定の議員と仲の良い職員がいることも稀ではありません。

事例の職員のように、たとえ悪気がないにしても、議員と接している自覚に乏しく、簡単に公表前の行政情報を漏らされては、後で苦労を背負い込むのは管理職です。まず職員には、議員の存在を意識させ、情報の提供には気を付けるよう念を押しておくべきでした。公表前の情報となると、他の議員からは、「自分は聞いてないぞ！」と大騒ぎになるかもしれません。**議員は支援者である住民から質問されたり相談されたりして、地元に対して説明する役割があります。**自分の信用にも関わりますので、行政情報には、提供のスピードも含めて大変敏感です。議会軽視とも言われかねません。

対応法　議員の役割を踏まえた対応を心掛ける

行政にとっては、条例を制定するにも予算を定めるにも、議会の議決なしには何もできません。新しい事業を始めるためには、必ず議会を通さなければならないのです。このため、管理職にとって、議員とのコミュニケーションは重要です。住民福祉の増進を図るためには、議会の理解が不可欠であり、議員とは良好な関係を築きたいものです。しかしながら、議員とどう付き合っていったらいいのかに悩む新任管理職などの方は多いのではないでしょうか。

【議員に対して意識しておくべき事項】

□議会は議決機関であり、議案の審議・採決をお願いする立場であること
□住民から選ばれており、議員と支援者との関係を考慮に入れておくべきであること
□議員自身が住民であるとともに、地元の声を知らせてくれる存在でもあること
□行政に代わって住民に接してくれている場面もあること
□行政の全般にわたる様々な分野の職員と接していること

議員の務めを果たされていると理解できる限りでは、この役割の重要性から、できるだけ、その声には丁寧に応えていくことが必要です。

＋αアドバイス

議員であっても不当な要求には応じない

住民を代表する声だからといって、議員の言うことを全て聞き入れて良いものとは限りません。

議会対応の難しさも手伝って、どうしても管理職には、議員に嫌われたくないという意識が強く働きます。このため、「この程度のことで議員の機嫌を損ねずに済むなら、ちょっと特別扱いだけれど認めてしまおうかな」と弱い心に傾きがちです。

しかし、不当な要求まで聞き入れてしまうと、そこは住民との関係の場合と同様、要求は日に日にエスカレートするものです。残念ながら、こうして生まれる自治体の幹部職員と議員の癒着が原因となって、汚職に手を染めてしまう例が後を絶たないのです。

これでは、議会と行政による公正な自治を実現することができません。議員と職員の関係、立場をわきまえ、正確な情報を伝えることを心掛け、コンプラ違反を起こすことのないよう、日頃から注意しましょう。

CHECK

時間はかかっても、住民を代表する議員と、良好で健全な信頼関係を築こう。

議会の答弁

9 議会の答弁はあいまいなのが一番！と思っていませんか？

CASE

その場しのぎの議会答弁ばかりでは、議員に信頼されない

新任の管理職が、初めての議会を控え緊張しています。部長や先輩管理職からは「答弁はこれまでと同じ内容を繰り返しておけ。議会で新しいことを約束なんかしたら、とんでもない。ただでさえ忙しいのに、これ以上、仕事を増やしてどうする。分からなかったら、はっきりとは答えるな。これが、極意だ」とアドバイスされました。

新任の管理職は先輩たちの言うとおり、あいまいな答弁に終始しました。

解説

議会の役割から答弁の要領を考える

議員は選挙で選ばれた、住民を代表する存在です。議会は、条例の制定改廃や、予算の承認、決算の認定など、自治体の行財政について基本的な決定を行う議決機関です。議決権の行使に併せ、行政へのチェック機能を働かせます。このことを踏まえて、答弁の要領を考えましょう。

【議会の答弁で心掛けたいこと】

- □ **議員の質問、意見の意図や背景を探る**
- □ **議員のこれまでの発言を通して、関心や考え方の傾向を推測する**
- □ **住民の代表として、その声を代弁していると考える**
- □ **議員が求めている答えを想定する**

住民を代表する声だからと言って、全て鵜呑みにしていいというものではありません。それでは様々な会派や主張がある中で、職員がいくらいても足りません。しかし、住民から苦情や要望を受けるとき、たとえ応えられない内容だとしても、気持ちに寄り添おうとしますよね。その点は議員に対しても一緒です。議員の発言は住民の代表機関としての声であり、事例で先輩たちから伝授された極意に従った新任管理職のように、これに応えようとしないことは、自治の否定ともいえる重大なコンプラ違反なのです。**議員の期待に何**

とか応えられないか考えを巡らす。こうした姿勢が議員からの信頼を生みます。

対応法　議員から信頼を得る

議会での答弁こそが管理職の職務の大勢を占めるといっても過言ではないでしょう。しかし、議会の答弁の要領が分からず、悩む管理職が多いのも現実です。

事例のように、あいまいな答弁に終始された議員はどう感じるでしょうか。議員も住民です。住民に対して、こんな対応をしたらどうなりますか？　ばかにされたと感じ怒りますね。

議員は住民の声を代弁していると言えます。住民に寄り添うのと同様、議員の質問、意見にも、その真意や狙いを探り、答弁に何を期待しているかを考えましょう。

たとえ、提案などには応じられず、議論が平行線とならざるを得ないテーマのやり取りにおいても、同様の効果を発揮している事業を紹介したり、住民の立場に立てば共感できる部分があることを答えたり、議員の発言のどの側面かには必ず視点や思いの合うところがあるものです。議員から一度信頼を得られれば、その後の相談がスムーズに運びます。

＋αアドバイス　議員から紹介された住民の相談への対応

議員が庁舎に住民を連れてきて、住民からの相談を持ち掛けてきたときにどうされていますか。

このときの議員の心境を考えたことがあるでしょうか。職員が一度お断りしている住民かもしれません。しかし、その住民が諦めきれずに議員を頼ってきたわけです。特に議員の支援者となれば、できる限り応援したい気持ちになるのは当然でしょう。担当の職員を同席させてもいいですから、管理職が話を聞くようにしましょう。

仮に不当な要求をごり押ししてくるようなことがあれば、それは住民に対して同様、丁寧に説明してお断りすべきですが、その住民の要望どおりとはいかないまでも、改めて気持ちに寄り添い、共感する姿勢を示し、代替案などを提示できるとよいでしょう。議員の面目も保たれます。このあたりの役割は管理職にあると考えてください。

議員との関係づくりのうえで心掛けておいてほしいこととして、行政の全般にわたり、様々な部署の職員と接している議員は、時に会う予定や前に渡した資料を忘れてしまうこともあります。しかし、そこは管理職が機転を利かせ、そうした議員の大変な状況を察し、特に指摘することなく対応します。議員との信頼関係は、過剰な優遇ではなく、日頃の細かな気配りから積み上げていきましょう。

CHECK

住民福祉の増進には、職員だけでなく、議会の力も必要。

COLUMN

3　係長でやり直す予定が……

職員を守れていない

保険年金課は来庁の多い窓口職場です。令和２年２月。新型コロナウイルス感染症の話題でにわかに騒がしくなり、日に日に、窓口に出る職員たちの感染リスクが高まっていきます。

しかし、「エッセンシャルワーカー」という体のいい言葉で片付けられ、誰も窓口業務を止めようとはしてくれません。

課長として、職員に安心して働いてもらう職場を提供することを第一の信条としていた自分にとって、職員を危険に晒し続ける日々は、組織に憤りながらも、解決の術がなく、苦しくつらい日々でした。

責任を取れない組織ほど酷いものはありません。こう考えていた私は、職員を危険に晒していることについて誰も責任を取る気がないのであれば、自分が管理職を辞してけじめをつけようと決心していました。

責任の果たし方

その３か月後、母を亡くします。そうしたタイミングだったことで、身勝手にも、「今のままでも、責任の取り方はあるんじゃないか」という母からの最後のメッセージに思えて、職を辞するのを思いとどまりました。本来であれば、今頃は係長に戻っていたはずです。

気持ちを切り替え、管理職として今も職員の安全確保に奮闘し続ける毎日です。皆さんにとっても、常に管理職の役割を問い続けることが、職場における責任を果たすことに繋がっていくと考えます。

CHAPTER 4

情報・デジタル・環境編

1 友人や家族に仕事を自慢したいあまり個人情報を漏らしてしまった

個人情報保護

CASE

個人情報の取扱いについても、住民からの信頼は欠かせない

ある職員は、以前に不正受給をした住民に対し、毅然とした対処をしたことを話したときに交際していた相手に褒められたことがあったことから、今度も、自分の仕事の話をしているうちに、うっかり複数の住民の実名を言ってしまいました。

職員の言動は、秘密を守る義務に違反し、職の信用を失墜させる行為だとして、停職3か月の懲戒処分とするとともに、管理監督責任のある課長にも戒告の処分が出されました。

解説　個人情報保護の意識を強く持つ

個人情報の保護に強い意識を持つことは、家族や知人との会話の際も同様です。職員の不祥事は、気の緩むときに起こしがちなものです。常に忙しく、つい友人、家族や交際相手に、仕事の悩みを相談したりしていると、うっかり個人情報を漏洩することになりかねません。

しかし仕事の悩みを聞いてもらうことは、職員の気分転換やストレスの軽減が図られ、これを管理職が止めるようなことをするわけにはいきません。

行き着くところは職員の意識の問題となるわけですが、公務員自身もいずれかの自治体の住民です。自分の情報が見知らぬ人にわたっていたり、勝手に使われていたりしたら、気持ち悪く感じるでしょう。それを職員に考えさせるのです。職員も同じことをやってはいけないと分かるでしょう。**日常の会話においても職務で知り得た個人情報を出すことは厳禁です。**

この事例で、個人情報の漏洩を重く見た当該自治体は、懲戒処分において、当事者である職員には免職に次いで重い停職を、管理監督者である課長にも、訓告や厳重注意といった人事上の措置ではなく、懲戒処分の一つである戒告として、厳しく対処しています。漏洩した情報は、人格に関わる機微な情報だったことからも重く捉えられました。

対応法　**住民から信頼される個人情報の取扱いのポイント**

ＣＨＡＰＴＥＲ**4**では、自治体にとっての新しい課題でもある「情報、デジタル、環境」とコンプライアンスの問題を取り上げていきます。最初は情報管理です。

自治体が住民の生命、身体、財産を守り、その福祉の増進を図るためには、個人情報を取り扱うことが欠かせません。このため、個人の情報を収集し、使用・管理することが「特別に」認められています。こうした**個人情報などの取扱いを住民の納得の下で行っていくためには、住民から信頼される、厳格な情報の管理が求められます。**

【個人情報の取扱いにおける重要ポイント】

- □ **個人情報を特別に取り扱う者として、常に流出は絶対にあってはならないと高い意識を持ち厳重に管理する**
- □ **個人情報を机に出しっぱなしにしたり、使用端末の画面を開きっぱなしにしたりして、他の人の目に触れるような放置をしない**
- □ **データで保有する場合は、ファイルの保存先への注意など、より厳重に管理する**

住民の個人情報に対する意識は、とても高くなっています。このため、住民は職員の情報の取扱いに不審な点を感じると、情報を利活用した施策を容易には認めてもらえなくなります。

これに関し、マイナンバーについて、国がどんなに万全なセキュリティを説明しても、日本年金機構による個人情報の流出事故により、いまだ不信感が根強く、制度の普及や活用の拡大の足かせになっています。

＋αアドバイス　個人情報の紛失や濫用

退勤後に飲食店で深酒をし、帰宅途中の路上で寝てしまった、児童相談センターの職員が、目を覚ますと個人情報の入ったかばんを紛失した事案もあります（相談者の氏名、学年、住所、相談内容などが書かれたノートが入っていた重要なかばんでした）。紛失だけでなく新型コロナウイルス蔓延防止のための緊急事態宣言期間中に深酒して起こしたことも問題視されます。

さらに職場内で個人情報を乱用したケースもあります。ある職員は、業務上住民情報を閲覧できる立場を利用して、私的な利用目的で、知人女性やその家族の個人情報を200回以上にも及んで閲覧。その女性に「今度、お父さんの誕生日だね」などのメールを送っていました。

CHECK

仕事で得た情報は、物理的に持ち出さないだけでなく、記憶でも持ち帰らない。

2

首長にも説明していない情報を住民へ提供

情報公開

CASE

職員は、行政情報の公表手順をきちんと理解しているでしょうか？

住民による地域活動やまちづくりを支援する業務を担当する職員は、地元の会合にも頻繁に顔を出し、地域の期待に応えたいと日々奔走しています。

12月に開かれた地域の懇談会に出席した職員は、来年度に、その地域から要望のあがっていた道路の改修について予算化が認められる見込みであることを業務で知り、地元の期待に応えたいと、懇談会の場で、予算がつく予定であることを話してしまいました。

解説　住民に伝えていい情報を部下と共有しておく

12月末には、国の予算案の公表もあり、多くの自治体で、来年度予算の編成が佳境を迎える頃になります。しかし、特に内示前の来年度予算案のような確定前の情報の取扱いについては、うっかり外に伝えることのないよう、職員にも取扱いに注意させる必要があります。

事例の職員のような熱心な働きぶりには、頭が下がるばかりです。地域の方々にとっても、こうした地域に根差した職員の働き方には、頼もしさを感じることでしょう。

住民に喜んでもらいたいと思ったときに、何か特別なことをしてあげたい気持ちを持つのも理解できるところです。しかし、自治体には、公平性が強く求められます。偏った力の入れ方は公正さを失いかねず、コンプライアンス上、問題です。

事例の場面の職員の立場であれば、「今、地域のために全力で予算獲得を目指していること」「いついつには結果をお伝えできること」を住民に情報提供できたらよいと思います。いつであれば分かるのかも、大事な情報です。このように、**どの時期にどこまで話していいのかを、管理職の皆さんが担当の職員に教えておきましょう。**

対応法　情報を提供する順番を理解させる

　行政情報がきちんと提供されることは、自治の担い手である住民にとって、基本となる重要なものです。住民に身近な存在の市町村であるからこそ、住民に必要な情報が確実に届くよう、しっかり情報共有を図っていかなければなりません。

　新しい事業を始めるときや事業を変更するときには、誰にどのように説明をしていったらよいのでしょうか。管理職であれば理解していることでも、全ての職員が同じように認識できているとは限りません。職員にも分かるよう周知しましょう。

【行政情報発信時の注意点】

- □ **情報は広く住民に積極的に発信する**
- □ **年代により情報の収集ツールが異なることから、様々な広報媒体を駆使する**
- □ **発信する情報の重要度に従い、組織内の公表手順を確認しておく**

　各自治体の状況により、具体的な場面では異なるところも出てくると思いますが、**情報を提供する順番としては「特別職や関係部署→議会→住民」が基本です。**この中でも担当職員が抜けやすいのが関係部署であり、また案外、逆転しやすいのが特別職と議会の順番です。緊急の場合を除けば、公表時期に向けて、各説明のスケジュールを部下と一緒に確認しながら立てておくとよいでしょう。

＋αアドバイス　情報は広く積極的に発信しよう

行政情報の提供で重要なのは、その時期だけでなく、対象や範囲などの中身も同じです。職員は、あまり住民から問い合わせや意見を受けたくないからと、公にする情報を絞りがちですが、**案外、丸ごと全て出してしまったほうが、何も聞かれないものです。**議会に対しても、説明資料などでは、情報を充実させたほうが、書いてあることは聞かれませんので、単純な質問も減ってきます。

さらに、情報の提供時期に関連し、どの段階から審議会や意見聴取といった住民参加を開始するのが望ましいのかは、長年答えの出ていない難しい課題です。できる限り初期の段階から導入するのが参加と協働の観点からは望ましいと言えますが、住民参加は時間がかかることも多く、行政の責任として決定を急がなければいけない場合には逆効果になることもあります。一方で議会も住民を代表している自治の担い手です。考え方は多様になっており、正解が一つとは言えません。住民や議会の意見も伺いながら、一番、住民による自治にふさわしい形の進め方をつくりあげていきましょう。

CHECK

広報やホームページでの公表を準備し始める段階で、具体的な手順を確認しておこう。

3 「フリー素材」という罠

著作権保護

CASE 資料づくりで見落とされがちな著作権の存在

住民にも身近に感じてもらえるチラシやパンフレットのデザインが得意な職員は、今度作るイベントのチラシには、イラストをたくさん入れようと、インターネット上にいいものがないか探していました。

ちょうどイメージに合うイラストを見つけ、利用条件にも「著作権フリー」となっていたことから、安心してチラシに掲載しました。果たして、本当に使って大丈夫でしょうか。

解説 **行政目的の利用だからと過信しない**

著作権とは、思想や感情を創作的に表現した者が、その表現の利用を「専有」できる権利です。著作物を創作した時点で著作者に発生します。著作権のような知的財産権に精通する職員はそうそうおらず、むしろ著作権への意識は希薄です。このため、公益を目的としている自治体は自由に著作物を利用できると勘違いする職員も多いのですが、**自治体であっても、人の著作物を利用するためには、原則として著作者の許諾が必要となりますので注意しましょう。**例外的に、著作権法には、行政の目的のための内部資料として必要と認められる場合には、その必要と認められる限度において、複製することができることが定められています（同法第42条）。

【行政目的による複製が認められる条件】

- □ **行政の目的のために必要な範囲に限られていること。例外的な取扱いのため、範囲は最小限に限定し、書籍を一冊丸ごと複製することなどは許されない**
- □ **複製物の利用が内部資料にとどまるものであること。誰でも見られれば参考になるからと、使用目的に関わらない職員にまで複製することは認められない**
- □ **外部へ配布されることのないこと**

著作者の権利を尊重した慎重な取扱いが求められます。

事例の職員は、住民へ配布することを想定したチラシにインターネット上のサイトに掲載されているイラストを利用しようと考えています。そのサイトに載っている利用条件をよく確認するとともに、利用可能かどうか不明なときには、直接、掲載者に問い合わせて確認する必要があります。刊行物や広報の校正は管理職にも回ってきます。著作権は担当職員が見落としやすいところですので、管理職が気付けるようにならないといけません。

対応法　著作者の権利に配慮する

著作権には、利用条件が不明なものも多く、注意が欠かせません。「フリー素材集」と銘打ってイラストを掲載しているサイトでも、実際、どこまでフリーで使っていいのかは定かではありません。他人の著作物は安易に加工や編集はできませんし、単に、私的な利用であればどうぞご自由にお使いくださいという程度の意味合いのものも多く存在します。私的利用での複製は著作権法でも認められている範囲ですので、実はフリーといいながら、自由な利用を認めているわけではなかったりするのです。

有料の刊行物に著作物を利用するときは、さらに注意が必要です。**たとえ複製が自由といっている素材であっても、有料頒布するものへの利用までは想定に入っていないことが多い**からです。著作権の利用については、著作者に確認することが基本です。

＋αアドバイス　写真の著作権にも要注意

著作権の存在を見落としがちなものの一つが写真です。自治体の広報誌などに写真を掲載するときは、著作権が問われるものがないか、よく確認することが必要です。

特に、自治体が撮影したものでなければ、撮影者に著作権のあることが想定されます。過去の自治体の刊行物に使われていたからといって、無断で今回使用しても大丈夫と思うのも危険です。

また、自治体からの委託契約によって受託事業者が作成する著作物の中には、自治体に著作権を帰属させる必要がある場合があります。著作権の帰属については、契約に定めておかないと、著作者である受託事業者の権利となります。ご当地キャラのように広く長く活用することが想定されるものや、開発研究成果のようにその後も利用したいものなど、自治体に権利を帰属させたい場合は、契約に明確に規定しましょう。

CHECK

著作物についても、タダほどこわいものはない！

4 フリーメールが不正アクセスされ個人情報が流出

情報セキュリティ

CASE デジタル化を進めるには、万全なセキュリティ対策が欠かせない

ある職員は、職場で禁止されているインターネットのフリーメールを開設し、個人情報を取り扱う業務に使用していました。

そのフリーメールが、不正アクセスにあい、過去にここから送ったメールに添付されていた個人情報を掲載した文書についても、漏洩した可能性があることが判明しました。

解説

デジタル化はセキュリティ対策とセットで

自治体の業務では、職員に守秘義務のある個人情報や機密情報などを多く取り扱います。そのため、業務にデジタル技術を活用するためには、強固なセキュリティ対策が確保されたシステムを採用する必要があります。職員の情報の取扱いについては、管理職に責任があります。

事例の自治体でフリーメールの使用が禁止されていたのも、セキュリティの問題があるからです。インターネット上で無償などで提供されるフリーメールが、自治体の業務で採用されるシステムよりも、セキュリティが脆弱なことは明らかでしょう。**こうした危険性やリスクについて、職員に注意喚起するのも管理職の仕事です。**事例の場合は、管理職による職場での徹底が足らず、職員のリスクに対する意識の希薄さが招いた事故でした。

近年のインターネットの急速な発達と普及により、世界はグローバルになり、交流が活発になるだけではなく、生活にも様々な利便性をもたらしています。デジタル化の歩みは、とどまるところを知りません。

コロナ禍においては、我が国のデジタル化推進の遅れが如実になりました。政府は遅れを取り戻すべく、デジタル化の推進を急いでいます。

この流れに自治体も置かれています。自治体のデジタル改革は待ったなしです。

デジタル化のもたらす恩恵であり特徴であることとして、大量のデータを瞬時に処理できることが挙げられます。これにより、業務の効率性が格段に上がり、事務の改善に繋がります。

一方、この特徴が欠点となってしまう側面もあります。大量のデータがデータベースとなって一つに集合してまとまっているため、一気に抜き取られる危険性があることです。データによる情報の流出は、紙の時代に比べ、被害は桁違いに大量の件数・規模に上ります。

デジタル化の恩恵を受けるためには、まずデータの流出を防ぐセキュリティ対策が必須です。

対応法　セキュリティ研修の受講状況を把握する

セキュリティ対策は、全てシステム上の仕組みや技術だけで万全となるわけではありません。それを運用する職員にも対策が必要です。

その重要な対策の一つがセキュリティ研修です。個人情報を取り扱う業務に携わる限り、対象は正規の職員に限らず、会計年度任用職員などのスタッフも含まれます。

管理職は、職員の研修受講状況を定期的に確認しておく必要があります。デジタル改革におけるコンプライアンスにおいても、最後は、職員の意識の徹底が欠かせません。セキュリティ対策に責任を果たしたかはこうした働き掛けがあったかどうかにかかっています。

＋αアドバイス 在宅勤務での注意点、データの廃棄方法

以前から、職場では仕事が終わりきらず、自宅に持ち帰って処理していたようなときにも、個人情報の持ち出しが問題になっていました。在宅勤務の普及が進んでいる今では、職場の外から情報を取り扱うことになり、その持ち出しや流出の可能性も増すことになります。万全なセキュリティ対策を整えるまでは、持ち出しは控えるべきです。

データの廃棄にも十分な注意が必要です。委託業務において、事業者により廃棄されていたはずのハードディスクが残っており、そこから個人情報が流出するようなことが起きます。特に個人情報を取り扱う業務の場合には、物理的に機器を破壊するなど、廃棄の方法を見直すとともに、廃棄まで職員が立ち会うなどのことまでして、管理の責任を果たせたことになります。

CHECK

職員の意識を徹底しなければ、個人情報の漏洩を防ぐことはできない。

5 ハラスメントもリモートの時代!?

リモートワーク

CASE

リモートワークの拡大の中で、新たな課題も出てきている

ある市では、感染症対策として、積極的に職員の在宅勤務を推奨しています。在宅勤務をしている職員と職場にいる課長は、打合せのためにオンライン会議をすることになりました。職員は自宅からのため、通信環境が十分でなく、途中、何度も回線が途切れてしまいます。オンライン会議自体にもまだ慣れていない課長は、次第にいら立ち、口調がきつくなっていきました。

解説　リモートワークでもハラスメント問題が浮上！

リモート・ハラスメントを略して「リモハラ」。リモートワークによって起きる新たなハラスメントの問題です。

【リモハラの態様例】

- □ **仕事の進捗について何度も確認される**
- □ **部屋の様子を見たがる**
- □ **同居している家族などのことを執拗に知りたがる**
- □ **普段との服装や化粧の違いに触れる**
- □ **休憩時間中も映しておくよう要求される**
- □ **勤務時間外にも業務の連絡が来る**
- □ **仕事と関係のないメールが来る**
- □ **オンライン飲み会を強要される**

リモハラでも、パワハラ型あり、セクハラ型ありです。態様はこれらに限られるものではないかもしれません。今回の事例は、職員の自宅の通信環境による不具合であり、さらにそれを必要以上にきつい口調で責めてしまったことにより、パワハラ型のリモハラであるといえます。職員個人の通信環境が悪いなどの環境的な要因で仕事に支障が出たにしても、それは職員を責めるものではありません。**管理職としては、限られた通信環境の中で、リモートワークがスムーズにできる方法を職員と一緒に考えるのが適切な対応です。**

リモートワークはこれからもどんどん増えていくでしょう。さらに新たな問題が生じてくることも考えられます。社会の動向にしっかりとアンテナを張っておきましょう。

対応法 リモートワークにおけるコミュニケーション

通信手段の発達には目覚ましいものがあります。固定電話中心の時代に比べれば、連絡手段は格段に便利になりました。便利なうえに、気兼ねなく連絡ができます。その分、相手との距離も縮みやすくなります。

事例のように、**在宅勤務では、職員の私生活が近くにあり、個人情報が多く含まれています。**また、職場にいる側と違い、カメラ越しで見られている職員からすると、覗かれているような感覚にもなり、監視されているような気分にもなります。

このため、在宅勤務中の職員はいつも以上に緊張し、用心しています。管理職こそが緊張感をほぐし、職員が用心しなくてすむような雰囲気づくりを心掛けなければなりません。管理職が積極的にリモートの経験を積んでいき、リモートワーク特有のコミュニケーション能力を磨いていきましょう。

リモートワークでは、こうしたハラスメント問題の一方で、先述【リモハラの態様例】

の1つ目が起きる要因でもありますが、管理職にとっては、職員の仕事の様子を把握しづらいという課題があります。職員の服務規律を遠隔な状況でも維持することができるように、例えば、作業の進捗状況についてあらかじめ定期的に報告を求めたり、口頭のコミュニケーションと同じようにチャットで相談がないか聞いてみるなど今後もより良い方法を探りながら見つけていく必要があります。

+αアドバイス　オンラインでの企業や住民への接し方

セクハラなどと同様、自治体と取引関係にある企業との間でも、職員がオンライン会議を通して、企業の担当者へリモハラをしていないか注意することも必要になります。

また、サービスや業務のデジタル化が進めば、住民、職員とも、その連絡手段は、対面が減るために、文章を用いたコミュニケーションになります。

日頃、職員のメールの回答文などを見ていると、回りくどい表現が散見されます。住民に意図が的確に伝えられるように職員の文章を指導しましょう。言葉は先鋭化し、きつい印象になりがちですので、対面や電話での会話のとき以上に、丁寧な表現も求められます。

CHECK

リモートワークでのコミュニケーションは、より慎重な姿勢を心掛ける。

SNSの私的利用

6 個人のSNSの炎上でも組織に火の粉が降りかかる

CASE

職員が個人的にSNSを利用する分には、何も気にしなくていい?!

ある職員は、震災復興を担当する立場にありながら、私的に利用している自身のSNS上に、市民団体や被災地の議会、議員個人を誹謗中傷する不適切な発言を投稿してしまいました。

こうした言動は、国民の信用を失墜させる行為などに当たるとして、この職員には停職30日の懲戒処分がなされました。

解説

SNSの私的利用にも制約がある

この事例は、ご存じの方も多いと思いますが、公務員の個人的なSNSの利用の制限を考えるきっかけとなったものです。震災復興は今でも国の重要な施策の位置づけです。当時、国家公務員の幹部職員でありながら、こうした不適切な言動をしていたことは、政府の復興に対する姿勢を疑われる大変な影響を及ぼしました。

本来、公務員であっても、SNSを私的に利用する限りでは、個人の自覚と責任において、自由に行うことができるものです。職員だからといって、個人でSNSの利用を禁じられるものではありません。例えば、職員個人が、日頃の仕事への悩みや熱意、意気込みを発信すれば、目にとまった人には、職員がどんなことを考えて仕事をしているのかが伝わり、自治体の仕事に興味を持ち始め、自治体の職員を目指すきっかけになるかもしれません。また、自治体の特色や魅力を発信することで、特に紙の媒体やニュースではなく、主にSNSから情報を得ている若い世代へのアピールにも繋がります。

しかし、住民からの信用を失墜することのないよう、私生活でも縛りを受けているのが公務員です。職員はせめてSNSくらい自由にやらせてほしいと思いたいでしょうが、**信用失墜行為の禁止は、個人のSNSの利用にもかかってきます。**このため、管理職にも、職員のSNSの私的利用について指導する役割があります。

対応法　SNSで気を付けたい7つのポイント

国では、事例にある重大な不祥事を起こした事態を重く受け止め、SNSの特性を踏まえたうえで、よく理解して利用するよう注意を促し再発を防止するため、2013年に**総務省により「国家公務員のソーシャルメディアの私的利用に当たっての留意点」がまとめられています。**自治体の職員にもそのまま通用する内容ですので、具体的に参考になる内容を紹介します。

【SNSで留意すべきポイント】

- □ **思想信条など、衝突を招きやすく、細心の注意を払う必要のある内容を話題とする場合には、特に慎重な発信を心掛ける**
- □ **事実かどうか裏づけを得ていない情報に基づく発信や不確かな内容の発信を慎む**
- □ **事実に反する情報や単なる噂の拡散には加担しない**
- □ **ソーシャルボタン（「いいね」ボタン等）を押下することにより意図しない発信を行ってしまうことがあるので注意する**
- □ **誹謗中傷などを受けても感情的に対応しない**
- □ **身分を明らかにする場合は、その発信が所属組織の見解を示すものではないことをあらかじめ断っておく**

□ **情報を発信しようとする場合には、内容を事前に改めて確認する**

この他にも、参考になる内容が掲載されています。一度、皆さん自身でも確認し、職員にも推奨しましょう。

+αアドバイス 自治体でSNSを活用する

自治体公式でのSNSの活用が広がっています。例えば、まちの魅力を発信し、人を呼び込むことに成功している自治体があります。SNSでは若い職員が考えた表現のほうが時代に合い、若い世代の心に響きますので、管理職が文面を考えることはお勧めしませんが、炎上しては一大事ですので、差別的な表現が含まれていないかなどの最低限のチェックは欠かせません。一方、自然災害発生時には、被災地の様子をリアルタイムで中継したり、住民の状況を確認したりすることができます。また、緊急時には、職員の連絡手段や情報共有手段としても活用可能です。用途は広がりますので、気を付けながら活用していきましょう。

CHECK

個人のSNSであっても、うっかりした投稿が炎上し、組織にも影響する。

SDGsと環境

7 まだ会議でペットボトルのお茶を出していませんか？

CASE 持続可能な開発目標。重要ポイントの一つは環境対策

市の設置する審議会は、市民、議員、有識者の委員で構成されています。職員以外の委員がいる会議では、机上にペットボトル飲料が配られているのが通例です。

一方で、市では、環境への配慮のため、庁舎内でのペットボトル飲料の取扱いを控えています。今回、初めて審議会の準備を手伝った職員には、まだペットボトル飲料が配られていることに違和感がありました。

解説　脱炭素社会に向けた取組みが進んでいる

環境の世紀と言われる21世紀に入って20年以上が経ちました。気温の上昇は続き、地球温暖化対策は世界共通の喫緊の課題となっています。

さらに近年は、これまでの想定を大きく上回る激甚災害も各地で頻発しており、気候変動の影響も強く意識されるようになりました。

国連の掲げるＳＤＧｓは、２０３０年までに持続可能でよりよい世界を目指す国際目標です。**その中心には、当然、環境対策、地球温暖化対策が据えられています。**全国の自治体でも、ＳＤＧｓの実践を標榜するところが多くあります。

近年、企業経営において急速に浸透してきている「ＥＳＧ」は、環境、社会、統治の英単語頭文字から取ったものです。もはや企業は環境問題に無関心ではいられず、投資を呼ぶこむためにも、環境対策に取り組んでいることをアピールする必要があるまでになってきました。企業経営においても、環境対策が重要な位置を占めるようになっています。

事例のように国や自治体の会議では、まだまだペットボトルのお茶が並ぶ光景を目にしますが、脱炭素社会に向け、ペットボトルの使用自体を控えることも立派な環境対策です。

これまでは当たり前のように出していた会議での賄いのお茶でしたが、今後はやめることも決して難しいことではありません。

実際、著者も、事例と同種の審議会において、ＳＤＧｓの理念にも沿うことを説明しながら、次回から会議での賄いのお茶を廃止したいと提案したことがあります。委員の皆さんはとても好意的に受け止めてくださり、協力してくださることになりました。夏場の熱中症対策は引き続き必要ですので、水分補給のためのものは各自でご用意いただくことに了承いただいています。こうした環境配慮への提案は臆するほどではありません。社会の関心に敏感な審議会の委員の皆さんはＳＤＧｓへの意識が高いですから。

対応法　自治体が率先して環境対策を

社会的課題である環境問題こそ、自治体が率先して取り組んでいかなければいけません。公共部門である自治体が民間企業に負けてはいられません。

環境対策は法令に基づいて自治体に課されています。取り組まなければ、自治体の法令違反となります。地球温暖化対策の推進に関する法律では、自治体に温室効果ガスの排出抑制の実施に努めるよう求めています。

自治体による対策の一つとして、２０５０年に二酸化炭素の実質排出量をゼロにすることに取り組むことを表明する、いわゆる「２０５０年ゼロカーボンシティ」があります。環境省の調べでは、２０２１年11月末現在で、40都道府県・２９５市・14区・１１９町・24村の４９２の自治体が表明し、５００に迫る勢いです。

環境対策は、組織全体での取組みだけではありません。職員一人ひとり、さらに職場単位の取組みと、あらゆるレベルでの取組みが肝要です。このため管理職が範を示し、職場の推進役としての役割を果たしていきましょう。

ぜひ身近なところから変えてみませんか。職員個人でも、環境に負荷の少ない生活を意識して取り組むことは可能です。

＋αアドバイス **先進的な事例を参考にする**

自治体ができる環境対策には、公共施設における節電などの対策や、公用車のエコドライブの実践などもあります。このコロナ禍では、快適な住環境も重視されるようになってきました。都市に求められる機能にも、緑の癒しや環境負荷の低減なども求められてくることでしょう。

防災面では、被災時の電気供給の確保も課題です。近い将来、地産地消のエネルギーを創出できれば、業務の継続性なども確保できるようになります。国や自治体のホームページに実践例が紹介されていますので、参考にしましょう。

CHECK

環境対策は職員一人ひとりの取組みも重要。社会の範を示していく。

COLUMN

4 迫る2つの恐怖!

募る不安

とある座談会を聞いていたときのこと。その中の１人の方が、小さなときから「死」への恐怖が強く、ずっと怖いと仰っていました。これまで呑気に生きてきた自分には、全くピンと来ていませんでした。

それから数年後。実の母を自宅で看取り、人の死を眼前にして、座談会での言葉が蘇ってきたのです。

そこからは死への恐怖の連続でした。お風呂に入っていても、今、何かを考え、感情を持っていることを認識できるこの自分という存在が、死を迎えた瞬間にあたかも電化製品の電池が切れたごとく一瞬にして止まり、自分が消え去ってしまうのか。考える度に不安になりました。

一筋の光明

そうこう考えているところに、素敵な言葉と出会います。「死は終わりではない。」――作家の遠藤周作さんが、臨終に際し、妻の順子さんに遺した言葉です※。「そうか！　次があるから今を頑張れるんだ。人の死に方は様々。中には無念な死もある。命を粗末にするものではないが、次があると信じて、死をとらえよう。今に集中しよう」と気を入れ直したのでした。何かつらいことがあっても、将来を不安視するばかりではなく、その次には必ずやいいことが待っていると信じて、今を一生懸命過ごすことが大切だと思います。

――と、深い話のようで、実は原稿の締切りが迫り、ただただ現実逃避したかった私の、締切りに追われる「恐怖」のお話でした。

※『夫の宿題』（遠藤順子、PHP 研究所）

CHAPTER

5

トラブル対応編

トラブル対応

1 職員のミスに感情的に反応

CASE

トラブルの報告を受けたとき、つい感情的に反応していませんか？

ある職員は、業者への委託料の支払いを遅延させたり、住民から提出のあった届出書を放置したりしたまま処理を怠っていました。発覚を恐れた職員は、関係書類を庁外の倉庫に隠したり自宅へ持ち帰ったりしていました。

その後の異動先の部署でも、支払いを遅延させた職員は、また発覚を恐れ、会計を管理するシステムを不正に操作し、遅延がないように装いました。

解説　素早いリカバリーこそ重要

CHAPTER5で取り上げるトラブルへの対応も、組織の責任者である管理職の重要な役割です。

誰だってトラブルにあうことを嫌がります。本音を言えば、ミスは職員の勘違いであってほしい、正しくなっていてほしいと願うものです。発覚後に訪れるトラブルへの対処のことを思うと、つい感情的になってしまいそうになるのも人間というものです。

【悪い報告を受けたときに管理職が取るべき態度】

- □ **ミスを責めない**
- □ **原因を追及しない**
- □ **大丈夫だと部下を落ち着かせる**
- □ **職員が落ち着きを取り戻したところで善後策を一緒に考える**
- □ **反省は対処に区切りがついてから**

ミスやトラブルが判明したときは、いかに素早く対処してリカバリーを図れるかがポイントになります。そのため、**管理職が最初にやらなければならないのは、事実関係を確認することです。**これは、一番事態を把握している本人から聞き出すしかありません。ミスをした職員はただでさえ動揺しています。そこへ叱ってしまっては、さらに気を動転させるだけで、事実確認どころではなくなってしまいます。これでは迅速な初期対応もかないません。

職員を落ち着かせたら、何が起きているのか、どんなことを間違えたのか、誰に何を確認する必要があるのかなどを、主観的な部分は置いておいて、事実だけに基づいて聴取していきます。そのうえで、次善の対処法を導き出していきます。

原因の究明や反省はトラブルが落ち着いた後、二の次で構いません。

対応法　早めの報告で得をするのは管理職

早い段階でトラブルが判明することに一番メリットがあるのは誰でしょうか。それはトラブルの対処に責任を有する管理職の皆さんです。事態も深刻になる前の浅い段階かもしれませんし、影響を受けた住民の被害もまだ小さいかもしれません。迅速な初期対応こそが、トラブルの影響・ダメージを最小限に食い止めることになります。

事例の職員は、異動先でもミスを繰り返していたにもかかわらず、異動前のミスについて調査を受けた際、「他にはありません」と、なお異動後の所業を隠そうとしていたといいます。もうこれでお分かりですね。**ミスについての早い報告には叱るのではなく感謝すべきなのです。**

仕事にミスはつきもの。トラブルへの対処に目途がついたら、同じミスを繰り返させないよう、職員と確認すればよいのです。

素早く対処していくためには、普段から管理職が、悪い情報ほど報告しやすい風土をつくり、自分から情報を掴み取っていかなければなりません。

＋αアドバイス　責任者としての管理職の対応

管理職自身がトラブルへの対応を避けてしまい、その後の対処まで担当の職員に任せるのは誤りです。これでは、さらに傷口を広げるだけです。日頃、住民からの苦情に対し、「責任者を出せ！」と言われてすぐに管理職が出ていってしまっては、身が一つでは足りず、また、担当者を設けている意味もなくなってしまいますので、組織的にうまい対応だとは言えません。しかし、担当の職員がミスをした結果、住民に被害が及んだときには、自治体側に非があり謝罪すべき立場にあるわけですから、**組織を代表する責任者として、管理職自身がしっかり謝罪に対応するべきです。**

管理職がトラブルの対応を避ける姿勢では、職員は報告しても意味がないと思って、報告自体も来なくなってしまいますよね。

CHECK

悪い報告ほど、やせ我慢してでも、「教えてくれてありがとう！」と褒めてあげよう。

2 報道で暴かれる組織の隠蔽体質

記者会見

CASE

プレスは第一印象が勝負。周到な準備が不可欠

認可保育園において、登園時に乗った送迎バスに取り残されて閉じ込められてしまった5歳の園児が、熱中症で死亡する事故が起きました。県と市の調査により、事故防止や安全対策が不十分であったとして園に改善勧告が出されましたが、保護者からの指摘により、さらに調査を進めた結果、日常から、複数の園児への暴行・暴言などの虐待が横行し、調査の事前にはその事実を隠そうとした行為まで明るみになりました。

解説　謝罪会見は誠実な対応に徹する

管理職の対応が難しい場面の一つが記者会見や取材などのマスコミ対応でしょう。特に事故が起きた際の謝罪会見や取材では、記者から激しく責任を追及され、口調も厳しくなります。

事例は、大人の不手際により、幼い命が失われる不幸で痛ましい惨事です。誰でも二度と起きてほしくないと思うでしょう。住民の大切な命を預かっている職場にもかかわらず、住民への説明で不誠実な対応をとれば、非難の目は、組織のみならず会見に臨んだ管理職にも及びます。一個人として、事例における保育園の隠蔽体質には憎しみさえ覚えるでしょう。この事例に対する感情を忘れずに誠実な対応を心掛けましょう。

【謝罪会見のポイント】

- □ **被害やミスに対する謝罪の気持ち、反省の弁を述べる**
- □ **判明している事実は全て隠さず、公にして明らかにする**
- □ **被害には誠実な対応を行うことを示す**
- □ **厳正な処分により責任を取る考えを伝える**
- □ **十分な再発防止対策を考える**

謝罪会見は、すでにマイナスの評価からのスタートです。これ以上、自治体への信用を落とさないよう誠実な姿勢を示すことが重要です。そのためには、事実を全て解明する意思があること、事態の責任を取る考えでいること、引き続き誠実に対処する姿勢であること、しっかり再発防止を考えていくことを伝えていく必要があります。

また、肝心の中身が伴わず、記者の質問にまともに答えられないようでは、何かを隠しているのではないかと勘繰られ、さらなる不信を招くばかりです。会見場の空気はさらにヒートアップし、会見は失敗に終わってしまいます。早い段階から会見・取材を迫られる場面では、全容の解明にまでは至ってないこともありますが、**会見の時点で判明している内容は真摯に全て答えていく姿勢が重要です。**記者に対し、落ち着いて受け答えするのはなかなか至難な業ですので、事前に、事実関係をよく整理し、答え方までを想定し、周到に準備して臨まなければいけません。

対応法　記者会見では我慢も必要

報道機関では、あらかじめ記事の筋立てをイメージして会見に臨んでくる記者もいます。記者の煽りに乗ってしまって、話が思わぬ方向に進むことにならないよう辛抱強く答えていきます。また、**煽りに逆上しては不遜な態度に受け取られ、事態をさらに悪化させるだけです。**集団食中毒事件を引き起こした食品会社の記者会見で、質問攻めにいら立った社長の「そんなこと言ったってね、私は寝ていないんだよ！」との不用意な発言に対する世の激しい非難が有名です。これで苦労するのは部下たちです。

記者会見にもお作法があります。「最初のお辞儀は何秒必要?」など、具体的な要領を教えてくれるマニュアル本も多く刊行されています。真摯な姿勢に映るようにするためには作法も大事です。細かなことにも気を配れるよう準備・研究しておきましょう。

また、組織に対しては、不都合な内容を隠すとの猜疑心が働きがちです。そこへ記者会見が遅れれば、疑惑がさらに深まるばかりです。早めの準備を心掛けましょう。

+αアドバイス マスコミの力を活用する

マスコミとのお付き合いは悪い話ばかりではありません。自治体を宣伝してもらうために、プレスリリースを活用することはとても効果的です。しかし、公務員の悪い話にはすぐに飛びつくマスコミも、自治体のアピールは簡単には取り上げてくれません。どんな内容なら読者の関心を引くのかを想像して、珍しいもの、お得なもの、歴史やストーリー性のあるもの、初物などをアピールしていきます。

CHECK

情報は生もの。報道機関も住民も新鮮なものを求めている。

3 休職中の部下の旅行が発覚

メンタルヘルス

CASE

精神的な不調を訴える職員にどう接すればいいか、難しいですよね

ある職員が病気を理由に休職しています。療養に専念する必要がありましたが、黙っていれば職場には分からないだろうと、休みであるのをいいことに、療養目的とは認められない海外旅行に出掛けました。

ところが、旅行先で交通事故に遭い、大使館から連絡が入ったことにより職場に明るみとなり、戒告の懲戒処分となりました。

解説　休職中の行動には制限がある

病気休暇の期間だけでは疾患が完治せず、なお職務に就くことができないときには、職員に休職の分限処分が発令されます。期間は最長3年です。

分限処分は前出の懲戒処分と似ていますが、職員の職務適格性を問い、職責を十分に果たすことが期待できない場合になされる処分です。降任、免職、休職、降給の4種類があり、休職は、職を保有しながら、一定期間、職務に従事させないものです。

事例を見て、調子が悪くて休んでいるのだから、旅行くらいで懲戒処分まで出るのは厳し過ぎると感じましたか？

しかし、職員は仕事に従事できる状態ではないために休職となっています。それが旅行はできるとなっては住民に説明がつかないのではないでしょうか。**公務員の身分を保有したまま、仕事もせずに旅行に出掛けていることを住民が納得できるはずがありません。**病気を理由とした休職であれば、しっかり療養に専念する必要があるのです。

悪だくみはできるものではありません。この職員のような行動は得てしてバレてしまうものです。そうそう隠し切れるものではないことを如実に示した事例でした。

対応法　メンタルの不調者は増えている

精神疾患により長期病休となる職員が増えています。団塊の世代の退職に伴い、自治体では、経験年数の浅い職員も増えており、仕事の負担は増しています。疾患の状態にもよりますが、一度、病休に入ると、職場復帰までには時間を要し、さらに一度復帰できても、病休を繰り返してしまうこともあります。職員の長期離脱は、人材育成の面においても、職場の業務体制の面においても望ましいものではありません。また、**過度な精神的な負担は判断力を鈍らせることにもなり、職員の言動に注意が必要になってきます。**職場のメンタルヘルスへの対策が重要です。

メンタルヘルス対策には、職員自身で行うセルフケア、職場のライン上の上司である管理職などが行うラインケア、職員の健康管理を行う部門の行うスタッフケア等と、外部専門家等によるケアなどを組み合わせ、各機関の連携が重要になってきます。

長期病休者（精神・行動の障害）率（10万人率）の推移

（（一財）地方公務員安全衛生推進協会）

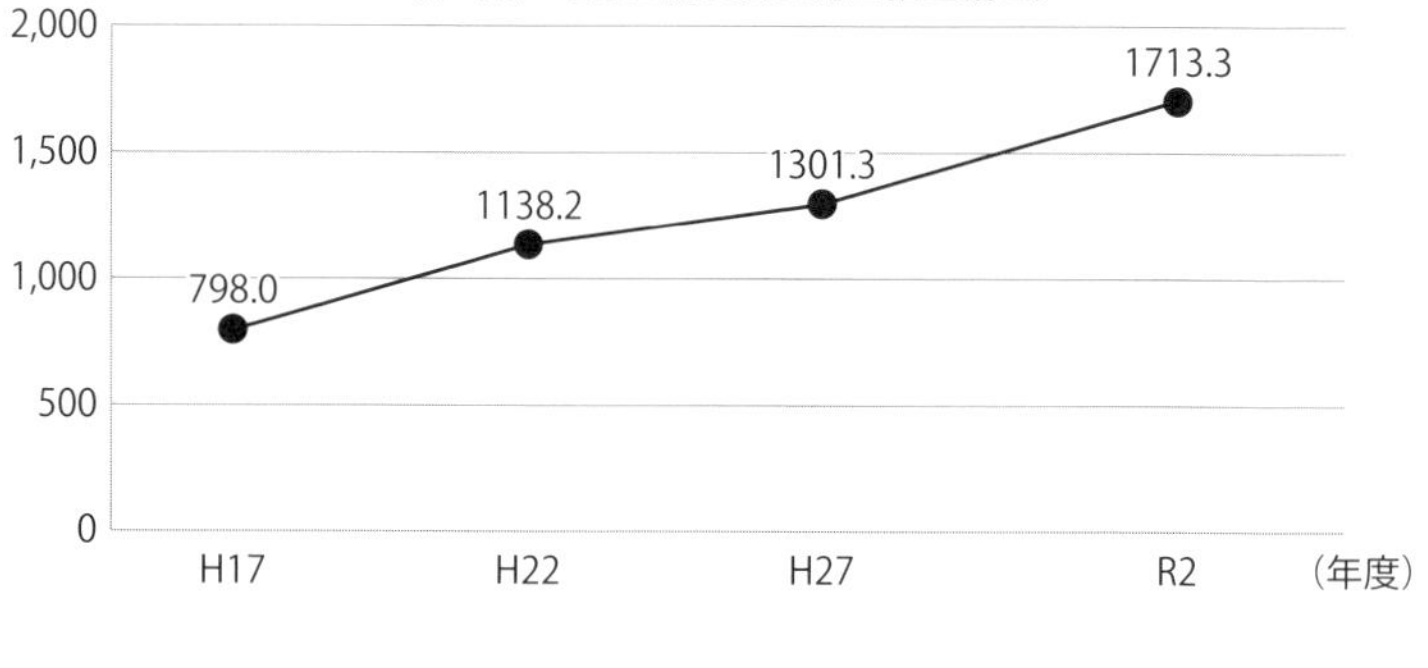

＋αアドバイス　不調な職員への接し方

管理職は、職員が不調を訴えてきたときにどんな言葉を掛けたらよいか、どの対策を活用できるかなど、的確に対処できるスキルを身につけておく必要があります。**相談を受けた上司の不用意な言葉が決め手となって組織への不信が決定的となり、長期の病休に至ってしまうケースもあるのです。**ハラスメントの相談員を務める管理職がパワハラを相談してきた職員にパワハラ行為をしてしまい、うつ症状により仕事を休むに至ったということまで起きています。

職員の休職期間が長期にわたれば、人事異動のタイミングによっては、一度も会ったことのない休職中の職員に対応しなければならないこともあります。こうした場合に、前任の管理職との人間関係が休職の一因であるようなこともありますので、安易に自分から連絡するのではなく、前任の管理職に加え、人事の部署ともよく確認し、本人への対応は連携しながら慎重に進めることが必要です。

CHECK

投げやりな決断を求めない。じっくり職員の気持ちとペースに寄り添って。

4 災害への対応に協力的でない職員

災害対応

CASE

わがまちに災害発生！　いざ職員を参集してみた結果は……

豪雨に見舞われたある町では、町内の浸水や土砂の災害の恐れがあることから、全職員に緊急参集の号令が発せられました。

町の災害本部からの号令を受けて、課長は、被災地の近くに住むベテランの職員に参集を要請したところ、まずは若手の職員が参集してくれればいいと渋られてしまいました。

課長は、非常時でも原則全職員で対応する公平な運用にしたいと考えています。

解説

災害対応への従事は職員の義務

近年では、気候変動、異常気象などにより台風や大雨などで激しい自然災害に見舞われる被害が頻発しています。各地で起こる地震も予断を許しません。住民の生命、身体、財産を保護することを使命とする自治体の果たすべき役割は大変重要なものとなり、職員に対する住民の期待も高まっています。非常時こそ、その使命を果たせるのか、自治体の本気度が問われます。全職員が全力を挙げて対応する強い覚悟が必要です。

災害時において職員に求められる役割は、服務に関する規程に定められているのが通例です。例えば、調布市職員服務規程では、「職員は、非常災害の場合においては、〔中略〕執務しなければならない」として、災害対応に従事する義務が定められています。

職員の参集は最優先であり、それが不可と認められるのは、職員や家族がケガをした、配偶者が自衛官や消防士などのため優先して参集する必要があり、幼い子を置いてはいけないなど真にやむを得ないごく限られた事情のある職員のみです。事例のように、年齢などの理由だけで参集を断ることはできません。

管理職は、住民の救済を最優先に考え、自信をもって参集を指示してください。

ここでも、念頭に置くべきことは住民からの信頼です。どのような場面であっても、住民に頼りにされる存在でありたいものです。

対応法　被災時に対応する意識を徹底させる

平成23年3月、日本は、東日本大震災により、大きな被害に見舞われました。被災地では、現在でもなお復興に向けた御苦労が続けられています。この御心労を思えば、決して風化させるようなことがあってはなりません。震災で犠牲になられた方々に謹んでお悔やみ申し上げます。

災害には日頃からの備えが欠かせません。個々の職員の具体的な役割は、地域防災計画に定められます。服務の規程や地域防災計画により、職員には全員に災害対応にあたる役割があることを理解させ、台風シーズン、出水時、年末年始の休業など緊急参集が想定される時期には、あらかじめ組織全体で役割を確認しましょう。特に、事例の職員のような他人事でいる職員には注意が必要です。被災時は、現に住民に被害が出ていることが想定され、一刻の猶予もありません。

普段からこうした意識を浸透させておかないと、事例のように、いざ参集の号令を掛けても、応ずる気のない職員が出てくることになります。実際に筆者も、他の職員で対応してくれと言わんばかりに、明確な理由を告げることもなく断られる苦い経験をしたことがあります。しかし、これでは、職員間に不公平が起き、前向きに協力してくれている職員に申し訳がたちません。現実に、被災地の近くに住んでいる職員がいたにもかかわらず、より遠くから時間がかかって職員が参集するようなことが起きます。これでは、職員間の不公平にとどまらず、自治体の災害への姿勢そのものを疑われ、住民からの信頼は損なわれます。

＋αアドバイス　皆さんの日々の行動が職員の応援体制を整える

災害対応以外にも、様々な場面で、担当する部署だけでは手が足りず、全庁的な応援体制をとるものがあります。新型コロナウイルス感染症への対策もその一つでした。ＰＣＲ検査、給付金の支給、ワクチン接種などでは、全庁的な応援体制が必要となりましたし、感染拡大防止対策以外でも、住民への支援策や経済対策など、行政の全般にわたり、まさに自治体の総合力が問われました。

各職員が、明日は我が身とお互い様の精神で応援・協力を惜しまない全庁的な組織風土を醸成していきたいものです。管理職自身の日々の行動が職員の意識に変革をもたらします。まずは皆さんがこのことを意識し、範となる姿勢を職員に示していきましょう。

CHECK

被災した住民に目を向けよう。自分の都合など言っていられないはず。

争訟法務

5 裁判所から訴状が届いて慌てる

CASE 滅多に起きない訴訟も、起きてから準備するのでは間に合わない

ある市では、道路整備の計画に対し、周辺の住民や環境保護団体から、住環境や自然環境を破壊するものだとして、反対運動が起こりました。

道路の整備については、地元で説明会を重ねるとともに、反対する個人や団体も含め何度も話し合いが重ねられていました。そこへ突然、この市に、裁判所から、環境保護団体が道路の工事着工の差止めを求める裁判の訴状が届きました。

解説　住民との争いは未然に防ぐ

住民の権利を保護するため、行政からの救済を図る制度が用意されています。処分を行った行政へ不服を申し立てる審査請求や、権利の確定を図る訴訟もその一つです。内容によっては、自治体の命運を握るような規模になることもあります。さらに、手続が法律で定められ、専門的な内容もあり、高度の法務能力が必要になります。**その対応には、かなりの労力を要し、組織には大きな負担がかかります。**起きないに越したことはありません。

【住民との争いを未然に防ぐ方策】
- □ **対立していても住民とよく話し合う**
- □ **先に謝れるところがあるのならお詫びする**
- □ **譲歩できる余地はないか検討する**

お互いの主張が全く折り合わず、権利関係を明確にさせるべき必要のあるときには訴訟などもやむを得なくなってきますが、まずは未然に防ぐことを考えましょう。

事例の場合は話し合いが重ねられ、丁寧な進め方がなされているので、それでも起きてしまった裁判は防ぎようがなかったといえます。

対応法　あらかじめ訴訟に備えておく

不幸は突然やってきます。審査請求を申し立てたり、訴訟を起こしたりする住民が、必ずしも自治体へ予告してくるとは限らないからです。

しかしながら、ひとたび、こうした審査請求書や訴状が届いてしまうと、対応は急がねばならず、時間に余裕がありません。審査請求にしろ、訴訟にしろ、自治体には基本的に応じる義務があります。よほど慣れた職員でなければ、対応にかなりの労力と時間を奪われます。裁判はいわば争い事に結果の出る勝負事でもありますので緊張も続きます。**管理職の皆さんは、対応が長引き、争訟が想定されるような事案については、いつ起こされても対応できるように、想定の時点から準備が欠かせません。**

【訴訟に向けた準備】

- □ **訴訟への対応は最優先と心得る**
- □ **事案の経過や根拠となる決裁などの記録の収集と整理をする**
- □ **関係する職員への事実確認をする**

訴訟の対応には、高度な専門性と技術が必要であり、通常、職員だけでは難しく、窓口となる総務・法制部門などから、自治体の顧問弁護士などへ委任することになります。

短期間での対応が求められる中、弁護士もその事件だけを扱っているわけではありませんので、貴重な時間をいただくことになります。スピーディーに訴訟準備を進めるため、弁護士との対応は最優先です。

＋αアドバイス　個人の責任、破産手続の対応にも備える

職員個人の責任が問われるケースもあります。職員の行為によって損害を被ったとして賠償請求される場合です。訴訟慣れした職員は稀でしょうから、訴えられた職員はたじろいでしまいます。職務に関連した訴訟であれば、自治体にも関係してきますので、原則、訴訟の進行管理は、自治体が被告となる場合と同様になります。

また、訴状以外では、弁護士や裁判所から破産手続の案内が届くこともあります。自治体が住民に対して債権を有している場合に、その住民が破産の手続を申し立てると、その委任を受けた弁護士や、申立てを受理した裁判所から、調査票などが送られます。この場合の対応は思うほど難しいものではありません。届いた書類の内容をよく確認して、落ち着いて指示に従って的確に対応するようにしましょう。

CHECK

訴訟へ備えることはコンプライアンスの推進にも繋がる。

6

見て見ぬふりをするのも同罪

推進する仕組み

CASE 職員の意識こそが、自治体のコンプライアンスの命運を握る

ある職員は、職場の先輩職員から、激しく執拗ないじめを繰り返し受けていました。課長も、これを制止するどころか、先輩職員のからかいに同調し、ただ笑って見ているだけでした。

いじめを受けた職員は強い精神的負担から精神疾患にかかり、自殺するに至ります。職員の親御さんから、職場である自治体としての責任とともに、先輩職員個人と監督を怠った課長個人の責任を問う訴訟が提起されました。

解説　パワハラは犯罪です！

皆さんは、最初に肝に銘じてください。もはやパワーハラスメントは「犯罪」なのです。事例に限らず、職場のいじめ、嫌がらせにより精神の健康を損ない、自殺に至るケースが起きています。このようなパワーハラスメントは殺人に等しい所業に思います。さらに、職場におけるパワーハラスメントを禁止すべきことは、ＩＬＯ（国際労働機関）において、２０１９年に国際条約が採択されており、国際標準ともなっています。

事例の職員の親御さんのような無念を、これ以上、味わわせてはいけません。管理職には職員が安心して働ける職場づくりが求められます。**職場で職員によるいじめが行われているのであれば、管理職には、いじめを制止し、状況を改善する責任があります。**

しかしながら、事例の課長はいじめる側に同調し見ているだけです。これでは、いじめを助長して加担していることと変わりありません。実際の裁判でも、課長は職場の安全配慮義務を怠ったと認定されています。課長がその義務を果たすためには、いじめをやめるよう職員に直接指導すべきでした。さらに、この指導の事実といじめた職員の改善状況を記録し、それでも状況が改まらなければ、人事部門などのハラスメントを担当する部署にも対応を相談すべきです。

犯行を止められる立場にありながらそれをしなかった者は、犯罪を助長した行為として罰せられます。**職場の不祥事の見て見ぬふりは「共犯」なのです。**

対応法　コンプラ推進を確保する仕組みを見てみよう

CHAPTER5の最後に、職員が法令を守るよう、法律では、コンプライアンスを確保する仕組みがどのように整えられているのかを見てみましょう。

【コンプライアンスを確保する仕組み】

- □ **監査制度（外部監査も含む）**
- □ **住民監査請求、住民訴訟**
- □ **議会によるチェック機能**
- □ **陳情、請願**
- □ **行政手続制度、情報公開制度**
- □ **行政不服審査制度、その他の争訟制度**
- □ **その他、様々な広聴制度や権利救済の仕組み**

監査委員、住民、議会、それぞれの立場から、コンプライアンスの推進状況がチェックされます。また、行政に対する住民の救済制度を通して、自治体の法令遵守状況を是正する仕組みによっても、コンプライアンスを確保する機能が認められます。

これらの仕組みを通して、自治体の統治の公正さを確保させています。**このような仕組**

みの中で、管理職には、組織をコンプラ推進に先導していく働きが期待されます。

＋αアドバイス　現役職員の自殺者数を知る

職場の問題を起因として自殺者が出てしまうことは、由々しき事態です。統計を見ても、年によって多少の差こそあれ、毎年、一定数の職員が自殺にまで至ってしまっています。取り残された家族のことを思えば、身につまされる思いです。

最後に、皆さんには、トラブルに見舞われても、焦らず、落ち着いて対処することが求められます。非常時にも的確な判断ができるよう、日頃からの備えが大切です。

在職死亡（自殺）率（10万人率）の推移
（（一財）地方公務員安全衛生推進協会）

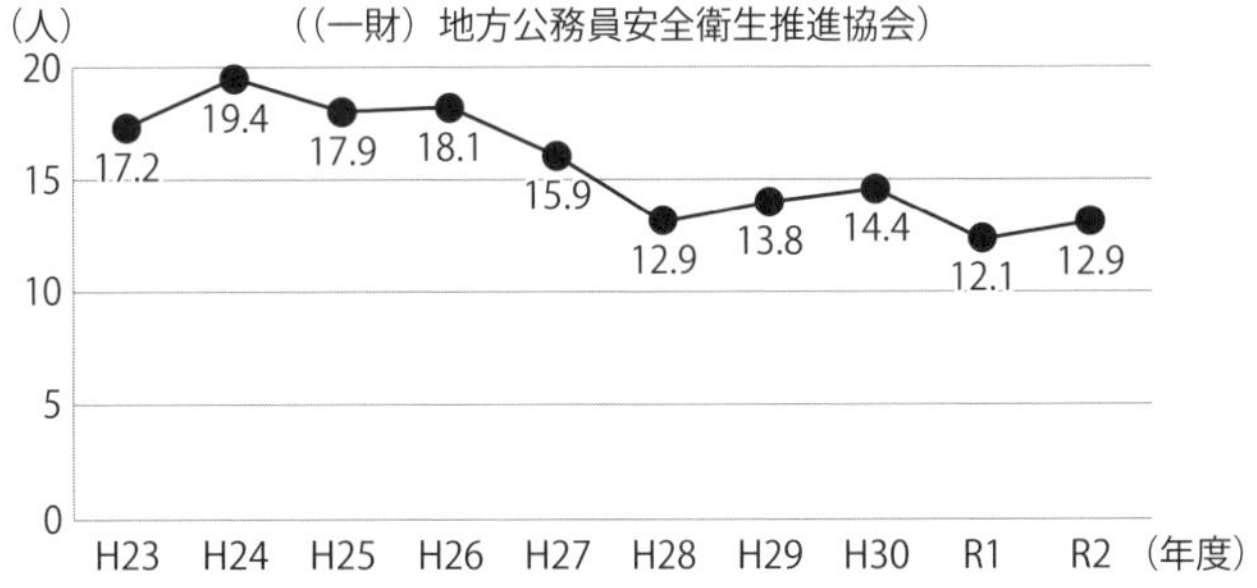

CHECK

コンプライアンスは組織で一体となって推進すべきもの。

COLUMN

5 管理職のやせ我慢

管理職の資質？

「管理職に必要な資質は？」と問われれば、本文でも出てきたように、答えは「やせ我慢」なのかもしれません。

私は、入庁したばかりの頃から、焦っているのを他人に気付かれるのが嫌いでした。周りの人のペースにまで悪影響を与えたくないからです。急ぎ、慌てているようなときでも、できるだけ泰然自若として、でも、内心は焦っていますから、やせ我慢をしていました。

古き良き時代を懐かしむも

昭和の時代には、職場でも、家庭でも、頑固おやじが好き放題に幅を利かせ、我慢なんてどこへやら。疲れて弱気な気持ちにもなってくると、昔を羨ましくもなりますが、時代に逆行することはできません。

みんなに矛先が向かわないように

職場でのやせ我慢を一つ。令和２年４月からの新型コロナウイルスの感染拡大防止に向けた初めての緊急事態宣言期間中の頃。当時はまだ、感染することが悪いというような風潮がありました。そんな時、私は、自席で、周囲に人がおらず、会話をしていないときには、努めてマスクを外すようにしていました。万が一、職場でクラスターが発生してしまったときに、自分が感染源として真っ先に疑われ、職員に矛先が向かずに済むようにするためです。

こんなこと、黙っていたほうが格好良かったな……。

CHAPTER

6

コンプライアンス概要編

1 公務員の不祥事が後を絶たない

信頼の獲得

CASE 公務員のコンプラ違反をどう防いでいけばよいのでしょうか?

地方公務員になされた懲戒処分件数は、どのように推移しているでしょうか。

・職員数が増えていない
・コロナ禍では活動に制限があった
・経験年数の浅い職員の比率が増している

こうした近年の状況から、増えているのでしょうか、減っているのでしょうか。

解説 なくならない公務員の不祥事

最後のCHAPTERでは、これまでの内容をまとめていきます。ここから読み始めた方は、各論を読むための入門と思ってください。

さて、自治体のコンプライアンスについて話してきましたが、一貫して強調してきたことが何であったかお気付きでしょうか。

それは、二つの「信頼」です。

まず、自治体がコンプライアンスを推進することにより、職員の服務規律が守られ、倫理観が保たれることで、住民からの信頼が高まります。

また、管理職の職務を果たしていくためには、職員とコミュニケーションを図りながら、信頼関係を構築していくことが大切です。

自治体のコンプライアンスが、公務員の不祥事の発生防止にあるという負の側面だけで終わってしまっては、何ともさびしい限りです。**信頼獲得に繋がる前向きなコンプライアンスにしていきましょう。**

残念ながら、コロナ禍にあって行動に制約があった時期でさえ、公務員の不祥事は相変わらず紙面を賑わすものとなっていました。

対応法　懲戒処分がどれくらい出ているか？

この10年間で地方公務員になされた懲戒処分の件数の推移は下のグラフのとおりです。

件数自体は増えていないと言えなくもありませんが、ほぼ横ばいといった状態です。

経験年数の浅い職員が増えたことで傾向が変わったということもありませんが、令和2年の地方公務員総数は、ピーク時の平成6年から16％も減少しています。職員総数の減少率を踏まえると、**不祥事が決して減っているものではないことが分かります。**

＋αアドバイス　どんな不祥事が多いか知る

報道で取り上げられた公務員の不祥事で目立つのは、

・痴漢、盗撮、住居侵入などによるわいせつ行為

・万引き、横領着服などの金品目当て

地方公務員の懲戒処分者数の推移

（総務省）

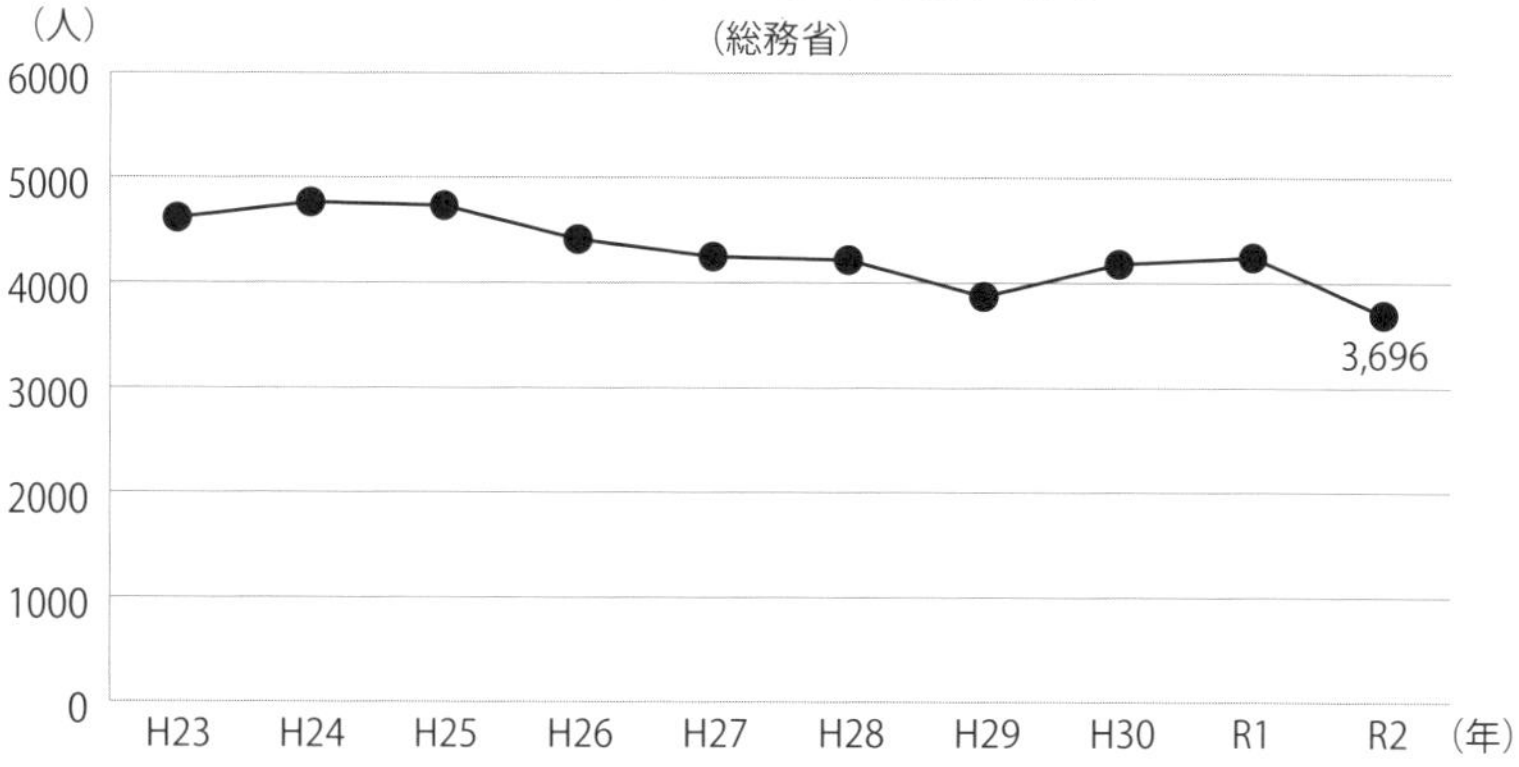

・飲酒時の交通事故、傷害、けんか
・収賄、接待供応などの汚職
・個人情報の紛失や流出
などです。

私生活においては、気の緩みがちな飲酒時に起こしているものが目立ちます。「酔っていて記憶にない」と言っても済まされません。また、「魔が差して」犯罪などに手を染めてしまうときには、過酷なストレスを抱えていることも多くあります。

どんなときに不祥事の起きる危険があるのか、その傾向をつかんでおくだけでも、行動を抑止したり、職員への強い意識づけに繋げたりすることができます。

CHECK

コンプライアンスを推進して築くのは、住民や職場との信頼関係。

2 最近、職員の動きが変だなと気になっていたものの…

部下の異変

CASE

変調、不調に気付くことができる日頃のコミュニケーションが大切

大学を卒業し入庁して3年の職員は、仕事にも慣れてきて、今度、工事の契約を担当することになりました。入札の手続を進めていたところに事業者が訪ねてきました。事業者は言葉巧みに職員から入札の機密情報である設計金額を聞き出し、見返りとして金品を渡しました。やがてこのことは収賄事件として明るみになります。まじめな性格で知られていた職員の逮捕に、自治体では「まさか」と大きな衝撃が走りました。

解説　職員の異変を見抜け！

管理職は、任された組織を運営し、職員の育成と管理監督をする責任があります。職員に不祥事を起こさせないことが求められます。

不祥事は人が起こすものです。**管理職に課された管理監督責任は、いかに普段から職員の行動をよく観察しているかに尽きます。**

【職員の変調を見抜くチェックポイント】

- □ **勤務時間の状況**
- □ **表情**
- □ **服装、身だしなみ**
- □ **コミュニケーション時の反応**
- □ **ミスを出す頻度**

少しでも普段との違いや異変を感じたときには、心配なことがないか、管理職から積極的に声を掛けましょう。体調が悪いときなどは、大きな不安を感じ、精神的に弱っていることもあります。仮に、実際には心配なことがなかったとしても、自分のことを気に掛けてもらった職員が悪い気はしません。常に職員の心情を察することです。

精神の変調は、判断力を鈍らせます。自暴自棄になったり、奇異な行動を取ったりする危険性が高まってしまいます。
職員の私生活への不当な侵害となる過干渉となってはパワハラになりますが、住民からの公務員の信用を保つためには、職員の私生活にも留意が必要です。

対応法　職員のストレスに敏感になる

仕事を多く持っている職員や勤務時間の多い職員にも注意しましょう。大変だと自分から訴えてきてくれるならむしろありがたいくらいで、**責任感の強い職員ほど、仕事に対する自負やプライドもあり、我慢して容易には大変さを口には出さないものです。**

しかし、こうした状況では、職員が強くストレスを感じていることも多くあります。職員の悩みは仕事のことだけとは限りません。人間関係であったり、健康状態であったり、家族や恋人のことであったり、仕事も含めた複合的な要因であったりします。仕事の状況だけで判断すると、職員の不調を見逃してしまうかもしれません。

事例のように、まじめに思われた職員が、日々、仕事の忙しさに追われ、強いストレス下にあったところを、自覚もないままに甘い誘惑にかられ、汚職に手を染めてしまう事件が多発しています。不祥事が起きたことによる組織のダメージに加え、優秀な人材を失うことにもなってしまうのです。

人の身体は元来正直なものです。何かしらの変調の兆しが現れます。

＋αアドバイス　管理職が注意したい4つの場面

他にも、管理職として気を付けておきたい場面があります。

【こんな場面に要注意】

- □ **急ぎの決裁**
- □ **ミスの判明時**
- □ **長時間にわたる窓口や電話の対応**
- □ **契約事業者との打合せ**

これらは、職員が焦っていたり、トラブルが起きていたり、利害関係者に接していたりなどコンプラ違反の温床となりやすい場面であり、その分、管理職は落ち着いて対処することが求められます。自分も焦ってしまわないよう、一呼吸、さらにもう一呼吸置き、冷静になりましょう。

CHECK

働きやすい職場づくりを心掛けることが、コンプラ違反の防止に繋がる。

職員の誇り

3 犯罪でなければ許されるのか

CASE

行動の規制に効く手段は罰則？　公務員倫理は軽い？

コロナ禍では、感染拡大防止のため、諸外国で行われた対策の様子も参考にしながら、人の行動の抑止や制約といった規制の徹底に、罰則が必要だと盛んに論じられていました。一方、国家公務員による文書偽造問題や接待疑惑への一連の対応では、刑事罰を科される犯罪に当たるものではないとの開き直った論調も目立ちました。こうした論調は、果たして正しいものなのでしょうか？

解説

気掛かりで仕方ないコンプラにまつわる2つの風潮

公務員の服務規律を確保するため、それに違反した者には、免職、停職、減給、戒告といった懲戒処分がなされます。つまり、不祥事のような、コンプライアンスに反する公務員の言動には、懲戒処分という制裁が下されます。

さらに、公務員の職に対する信用を保持するためには、高い倫理観も求められます。そのために、国家公務員倫理法が制定され、具体的な行動規準が定まっています。

昨今の社会の流れの中で、公務員にも関わり、気掛かりとなる風潮があります。

【2つの気掛かりな流れ】

□ ルールを徹底するために、なんでもかんでも罰則を設けるべきだとする思考

□ 公務員のコンプライアンスを犯罪の防止にのみ矮小化する思想

社会における格差の問題に、基本として0か1かで設計するデジタルの思考が手伝って、問題を単純化し、対立を煽りながら、極端な結論を導いているようです。

例えば、行政指導のように、個々の事情に合わせて柔軟に対処する手法は、もはや我が国にあっても「絶滅危惧種」なのでしょうか。罰則という「脅し」ありきで人の動きを制止しようとする単純発想に将来を案じ、恐怖を禁じ得ません。

同様な社会の思考の流れを感じるものに、公務員自身によってコンプライアンスの意義が歪められ、犯罪にさえあたらなければ大丈夫なのだという、問題の矮小化があります。

対応法　極端な考え方には同調できない

新型コロナウイルス感染症の流行に伴う緊急事態宣言下においては、人と人との接触を避ける人流の抑制こそが最も効果的な感染防止対策であると分かっていながら、徹底されず、感染者が減らない状況に世間のいら立ちがありました。

感染拡大を抑え込む各国の動きを見て、日本でも、罰則を設けて外出を禁止すべきだとの論調が、かなり強い勢いでなされたことがありました。

こうした厳罰化を求める声は、コロナ禍に限ったことではなく、その以前から、ルールが破られる状況が生ずるたびに挙がっていたように見受けられます。

しかしながら、本来、抑制的であらねばならないのは罰則のほうです。非常時でのやむを得ない面はありましたが、**厳罰化の考え方自体は時代に逆行するものです。**

こうした流れを逆手に取ったわけでもないのでしょうが、国会で公務員に対する疑惑が追及される度に、政府答弁では「公務員倫理法に違反するものではあるが犯罪に該当するものではない」として、行為を特段問題視しないことが終始強調されました。**あたかも、犯罪にさえあたらなければ、公務員倫理法違反程度では問題にならないと言わんばかりです。**公務員が自ら倫理を軽んじたのです。これでは不祥事を絶やすことはおろか、自覚もないでしょうが、人心は離れていってしまいます。ますます公務員の職は魅力を失い、人材確保にも支障を来たすことに繋がります。

＋αアドバイス　懲戒処分の具体例を参考にする

人事院が公表している年次報告書では、公務員倫理法等に違反して懲戒処分が行われた事案の概要が紹介されます。ホームページにもありますので、最近では、どのような違反が起きているのか、参考にご覧ください。

公務員に対する住民の期待は常に高いものがあります。**特に不景気や人々が苦しい局面では、公務員の身分の安定が際立ち、世間のいら立ちもあって、その地位に相応な働きを求め、一挙手一投足に厳しい目が向けられます。**住民の信頼を得るためには、こうした局面で、なお一層、コンプライアンスを厳しく徹底していくことが必要です。

CHECK

改めて襟を正し、気概をもって、自治体職員としての自負と誇りを胸に抱こう。

4 毎年、コンプライアンス研修をやっていても変わらない

コンプラ研修

CASE 研修をしても起きてしまう不祥事。それでもできるだけ防ぎたいもの

ある自治体が、毎年、全職員を対象にコンプライアンスの研修を開催していました。ところが、先日、職員が勤務時間外に商業施設で万引きをし、懲戒処分となる事件が起こってしまいました。

コンプライアンス研修を担当する職員は、どのような企画をすれば、職員の不祥事を根絶することができるのか悩みます。

解説

コンプライアンスの目的と効果

いよいよ最後のテーマになりました。コンプライアンスの意識の定着を図り、服務規律の違反を防ぐために、どのような対策が考えられるのかを見ていきましょう。

【コンプライアンスの目的と効果】
目的：住民福祉の増進
効果：住民の信頼獲得

コンプライアンスとは、法を守ることです。法には必ず目的があります。自治体の職員が従う法の目的は「住民福祉の増進」です。コンプライアンスを推進することは、住民福祉の増進を図ることにほかなりません。

さらに、コンプライアンスを推進し、法に従い倫理を保持することによって得られる効果が「住民からの信頼」です。

この目的と効果を見ても、自治体にとって、コンプライアンスを推進することが必須であることがお分かりでしょう。

対応法　コンプライアンスの研修では意識改革に力を入れる

コンプライアンスの行き着くところは、職員個々人の意識にかかっています。

【コンプラ推進5原則】

- □ **コンプライアンスを「自分ごと」としてとらえる**
- □ **判断に迷ったら、「住民福祉の増進」の目的に合うほうを選ぶ**
- □ **住民から信頼を得られるよう努力する**
- □ **ルールの目的を意識する**
- □ **仕事が楽しくなる働きやすい職場にする**

この5原則を念頭に置いて、より効果的な研修内容を考えていきます。

意識改革に効果があるのは、1つ目の原則を盛り込んだ、職場における研修の実施です。朝会や定期的な業務打合せのついでに行う程度で構いません。**職員の輪番制で最近起きた自治体の不祥事の事案を発表し感想を話し合います。**自分が声に出した内容は頭に残り、同じようなことはしないと自制心の働きにも繋がります。自分ごとに捉える工夫です。

仕事が楽しければ、それを続けられなくなるような不祥事を起こそうなどとは考えません。

＋αアドバイス　住民からの厚い信認に応えよう！

「期待を超えろ」

これまで、100％満足できる仕事というものを、どれだけ経験できたでしょうか。なかなか満足のいく結果までは到達しにくいものです。

たいていの人は期待通りの結果がそうそう得られるものではないことを知っています。そのため、期待通りの水準のサービスを受けられれば、「なかなか期待通りにはいかないところ、期待通りにしてくれた」、つまり期待以上であったと感じてもらえることができるのです。

住民からの厚い信認に「応える」ならば、「期待されている水準を超える」成果を目指していこうではありませんか。

不祥事は人が起こすものだからこそ、根絶させることも不可能ではないはずです。

住民や自治体組織にとって、管理職の皆さんは期待の星です。高い志をもって、住民の期待を超える福祉増進を図りましょう。

CHECK

住民の期待を「超えろ！」
コンプラ推進役となって職員の不祥事根絶を牽引しよう。

COLUMN

6 「考えること」を続けよう

AIは人間を超えられるか

デジタル技術の革新には目覚ましいものがあります。このままＡＩ（人工知能）の開発が進むと、遂には人間の知能を凌駕してしまうのではないか。機械が人を超える転換点、「シンギュラリティ（技術的特異点)」は訪れるのか、議論が盛んです。

私は、ＡＩが人間の知能を超えることはないと考えています。いや、超えさせてはならないのです。

ＡＩも人間が作り出した機械です。本来、人間の指示した範囲を超えられるものではありません。全ては人間次第です。

したがって、人間が「考えること」をやめない限り、シンギュラリティが到来することはないのです。

ウクライナ情勢に思う

2022年2月24日。ロシアがウクライナへの侵攻を開始。ウクライナ国民が突然、「日常」を奪われ、未来のある子どもたちが、毎日危険と隣り合わせで耐えしのんでいることを思うと、心が痛みます。

人間はお互いを理解するため言葉を駆使する生き物です。共存のため「考えること」を諦めなければ、戦争を根絶できるはずです。

翻って、自治体の職員を振り返ればどうでしょう。CHAPTER **2** では、若い世代に答えを直線的に求め、ネットで見つけようとする傾向があることに触れました。今の時代背景を踏まえると、人材育成のポイントとして、自分で「考える」習慣を身につけることの重要性が見えてきます。

参考文献

・鈴木瑞穂『ハラスメントを許さない現場力と組織力』(日本経済新聞出版社、2019)
・鈴木秀洋=花岡大ほか(共著)『これからの自治体職員のための実践コンプライアンス』(第一法規、2014)

図表出典(図表は資料をもとに著者作成)

・156頁掲載「長期病休者(精神・行動の障害)率(10万人率)の推移」
…一般財団法人地方公務員安全衛生推進協会『【令和3年】地方公務員健康状況等の現況の概要』
・169頁掲載「在職死亡(自殺)率(10万人率)の推移」
…同右資料
・174頁掲載「地方公務員の懲戒処分者の推移」
…総務省『令和2年度　地方公務員の懲戒処分者数等に関する調査結果』

おわりに　管理職だって成長できる！

「参ったなぁ〜」

原稿を全て書き終えた瞬間に、私の口から洩れた第一声です。

日頃の職場での振る舞いや考えていることを、全部さらけ出してしまいました。これでは、こちらの手口をばらしているようなもの。部下に知られてしまっては、正直やりづらくて仕方ありません。どうやらこの企画、私自身にはリスクとデメリットばかりだったのかも……。

しかし、実践に裏打ちされている分、管理職の皆さんが組織を運営するうえで、大いに活用していただけるものと信じています。また、取り上げた事例の数々は、実際に起きたことに基づいていますので、実務の判断の参考にしていただきたいと思います。

世界は、気候変動の問題をはじめ、共通の課題認識の下で、ちょっとずつ良い方向へ進歩しているのだと感じます。上司も人間であれば、部下も人間です。世界に人権意識が浸透している今、コンプライアンスで管理職に求められていることは、己の考えを押し付けるのではなく、お互いの個を重んじ、能力を発揮しやすい環境の中で人材を育みながら、目標実現に向けて組織を運営していくことです。

人生百年時代。管理職の皆さんが、老け込んではいられません。ご自身の成長のために、その歩みをさらに前へ力強く進めていこうではありませんか。これまで知らなかった事例やテーマに触れていただいただけでも、皆さんにはさらに力がプラスされたことでしょう。コンプラ実践術により、部下の成長を実感できたなら、それは、人材を育て上げた皆さん自身の成長の証と言えます。

本書の刊行にあたり、学陽書房編集一部企画一課の根山萌子氏には、コロナ禍というとても難しい状況にありながら、細部にわたりご助力いただき大変お世話になりました。同氏の着想なしには、この企画は成立しなかったでしょう。ここに謝辞申し上げます。

部下の成長を見るのは嬉しいものです。コンプライアンスを実践していくことにより、職場の不祥事とは無縁な管理職ライフを満喫してください。

2022年4月

花岡　大

●著者紹介

花岡 大（はなおか・ひろし）

調布市都市整備部次長。1996年東京都調布市入庁。政策企画係長、教育委員会指導室係長、財政課課長補佐、保険年金課長、都市計画課長などを経て 2022年4月より現職。著書に『自治体職員のためのやさしい債権管理ハンドブック』（単著、第一法規、2016）、『これからの自治体職員のための実践コンプライアンス』（共著、第一法規、2014）などがある。各地で自治体職員向けコンプライアンス推進研修の講師を務める。

課長になったら読む
自治体の実践コンプライアンス

2022年 5 月18 日　初版発行

著　者　花岡《はなおか》 大《ひろし》

発行者　佐久間重嘉

発行所　学 陽 書 房

〒102-0072　東京都千代田区飯田橋 1-9-3
営業部／電話　03-3261-1111　FAX　03-5211-3300
編集部／電話　03-3261-1112
http://www.gakuyo.co.jp/

ブックデザイン／LIKE A DESIGN（渡邉雄哉）
DTP 制作・印刷／加藤文明社
製本／東京美術紙工

ISBN 978-4-313-16174-0 C2036